Os Ensinamentos da Loucura

Coleção Estudos
Dirigida por J. Guinsburg

Equipe de realização – Edição de Texto: Carol Gama; Revisão: Iracema A. de Oliveira; Produção textual: Raquel Fernandes Abranches, Elen Durando e Luiz Henrique Soares; Sobrecapa: Sergio Kon; Produção: Ricardo W. Neves e Sergio Kon.

Heitor O'Dwyer de Macedo

OS ENSINAMENTOS DA LOUCURA
A CLÍNICA DE DOSTOIÉVSKI: MEMÓRIAS DO SUBSOLO, CRIME E CASTIGO, O DUPLO

Tradução de Ivonne Benedetti

CIP-Brasil. Catalogação na Publicação
Sindicato Nacional dos Editores de Livros, RJ

O21e

O'Dwyer, Heitor
Os ensinamentos da loucura : a clínica de Dostoiévski: do subsolo, crime e castigo, o duplo / Heitor O'Dwyer ; tradução Ivonne Benedetti. – 1. ed. – São Paulo : Perspectiva, 2014.
168 p. : il. ; 23 cm. (Estudos ; 326)

Tradução de: Les ensignements de la folie
ISBN 978-85273-1007-9

1. Dostoiévski, Fiódor, 1821-1881. 2. Psicanálise. I. Título.
II. Série.

14-12198

CDD: 616.8917
CDU: 159.964.2

14/05/2014   20/05/2014

Direitos reservados em língua portuguesa à
EDITORA PERSPECTIVA S.A.

Av. Brigadeiro Luís Antônio, 3025
01401-000 São Paulo SP Brasil
Telefax: (011) 3885-8388
www.editoraperspectiva.com.br

2014

Sumário

Nota Introdutória XI

O SUBSOLO 1

1. O Homem do Subsolo 3
2. Razões do Sofrimento 5
3. Encontro Com o Inconsciente 7
4. As Várias Dimensões da Personagem 10
5. Releitura da Primeira Parte 12
6. Elogio ao Sintoma e ao Desejo 15
7. Extrema Solidão 18
8. O Maior Pecado 20
9. Segunda Parte: A *Posteriori* 22
10. Mudanças de Humor 25
11. O Ridículo 28
12. Experiência do Assassinato 31
13. O Perverso e Seu Discurso 32
14. O Pior 35

CRIME E CASTIGO

1. Raskólnikov 39
2. Razumíkhin 55
3. Porfiri.. 67
4. Svidrigáilov.................................. 85
5. A Solução Sônia 107

O DUPLO

1. A Economia da Angústia e a Vergonha 135
2. O Horror, o Amor e o Vazio.................... 138
3. Sair do Tempo, Sair do Corpo 141
4. Destinos do *Duplo* 145

TRABALHOS CLÍNICOS.......................... 147

Para Naruna

Nota Introdutória

O ponto de partida deste estudo foi a ideia de que Freud não suportava em Dostoiévski o fato de este tratar daquilo que ele, Freud, deixara de lado para elaborar sua teoria das neuroses: o trauma e a loucura.

Minha abordagem, portanto, consiste em trabalhar o texto dostoievskiano a partir da atualidade do tratamento analítico e, mais precisamente, da clínica com pacientes psicóticos. É essa que interrogará e esclarecerá as problemáticas teóricas propostas por psicanalistas que prezamos – Ferenczi, Balint, Klein, Winnicott, Aulagnier, Dolto, Pankow, Davoine, Refabert, entre outros.

Em Dostoiévski, a grandeza ou a miséria das personagens fundamentais da obra acompanha a descoberta que fazem do inconsciente. O fato de tais personagens terem sido construídas desde o trauma do encontro com o inconsciente certamente é uma das principais razões de sua perenidade. Nós nos apoiamos nessas personagens para abordar pontos essenciais da clínica: trauma, fantasia, perversão, loucura.

Uma das ambições desta obra dá continuidade à minha preocupação de sempre: demonstrar que a psicanálise não é constituída por um saber fechado em si mesmo, mas por uma

OS ENSINAMENTOS DA LOUCURA

prática de pensamento, teórico e clínico, a serviço da vida e da cidade.

Falar da clínica analítica a partir de Dostoiévski também é uma maneira de lembrar os elos que unem literatura e psicanálise, elos que são muito fortes em Freud.

Freud, como todos sabem, tinha certas resistências à filosofia – ao contrário dos psicanalistas franceses que, na esteira de Lacan, frequentaram mais os filósofos que os escritores. No entanto, Freud sempre reconheceu sua dívida para com Spinoza. Cito a resposta negativa que ele deu ao pedido de um artigo para o volume de comemoração do tricentenário de Spinoza (1932): "Ao longo de minha longa vida senti (timidamente) um respeito extraordinariamente elevado pela pessoa tanto quanto pelos resultados do pensamento do grande filósofo Spinoza." Em uma carta a Lothar Bickel, spinozista próximo da psicanálise, que perguntava a Freud qual era sua dívida para com Spinoza e por que ele o citava tão raramente, Freud respondia em 28 de junho de 1931: "Admito totalmente minha dependência em relação à doutrina de Spinoza [...] Não havia razão para eu mencionar explicitamente seu nome, uma vez que concebi minhas hipóteses a partir do clima por ele criado, mais do que a partir de um estudo de sua obra." E conclui dizendo o que explicita bem sua posição: *Além disso, não busco legitimação filosófica.*[1]

Quanto a mim, sou muito interessado pela reflexão filosófica – difícil não ser quem viva na França –, mas sempre acatei os conselhos dados por Setembrini, personagem de *A Montanha Mágica*, de Thomas Mann, ao jovem Hans Castorp: deve-se chegar à filosofia depois da literatura. O que retoma a célebre máxima: "prima vivere, poi filosofare"[2] – primeiro viver, depois filosofar –, ou a de Camus: "Há um tempo para viver e um tempo para testemunhar o viver."[3] Acredito que entrar em contato muito cedo com a filosofia expõe-se ao risco de ressecamento da sensibilidade, mais precisamente o risco de evitar – ou

---

1 Freud apud Yirmiyahu Yovel, *Spinoza et autres hérétiques*, Paris: Seuil, 1991 (Col. Libre Examem). Grifo nosso.

2 Essa máxima, geralmente, é atribuída a Thomas Hobbes.

3 «Il y a un temps pour vivre et un temps pour témoigner de vivre.» A. Camus, *Noces*, Gallimard: Paris, 1993, p. 18.

NOTA INTRODUTÓRIA   XIII

recusar – o trabalho psíquico de nominação de afetos e sentimentos. Logo, acredito que a filosofia pode ser um perigo para
os que estão começando a viver, os jovens, portanto, e que mais
vale penar na busca de suas próprias palavras, para expressar a
sensibilidade por meio dos grandes poetas, do que se lançar de
cabeça em um sistema explicativo do mundo. É verdade que tal
esquiva pode ter o benefício da ilusão de que se compreende
tudo, de que se sabe tudo – maneira de se condenar a empo-
brecer toda experiência, a não aprender com a própria vida.
Cabe lembrar Lacan, que dizia aos psicanalistas que o ouviam:
"Desconfiem, não se deve compreender depressa demais."[4]

Em outros termos, o encontro precoce com a filosofia pode
ser um antídoto ao amor. Se para qualquer um isso constitui
uma deficiência na existência, para um psicanalista é uma aber-
ração e para os pacientes, uma catástrofe. Pois com o que lida o
psicanalista senão com o amor? Em que consiste nosso trabalho
senão em preparar para essa catástrofe salutar as pessoas que
nos procuram, ou em reparar feridas, devastações e estigmas
da ausência de amor ou de amores malogrados?[5]

Em suma, é para falar de amor que se consulta um psicanalista e, em princípio, é de amor que fala, quando fala, o
psicanalista. Aliás, "só serve para isso"[6] – como dizia Samuel
Beckett sobre seu trabalho de escritor –, e alguém que vá ouvir
ou ler um psicanalista espera que ele fale exatamente disso, de
como se ama, de como alguém se ama. Leslie Kaplan escreveu:
"Dize-me o que comes e dir-te-ei quem és."[7] É verdade. Pode-
-se dizer: Dize-me como te amas, como cuidas de ti, e dir-te-ei
como amas e como não amas a vida. E é verdade também que,
para falar de amor, a escolha de Dostoiévski é ótima. Dostoiévski é, por excelência, o escritor do encontro – verão por quê.

Por todas essas razões, quis que este estudo fosse feito no
contexto de um seminário. Desejei que esse seminário fosse
um "espaço" de intercâmbio clínico para jovens psicólogos, psi-
quiatras, psicanalistas e enfermeiros. Para isso, o dispositivo

---

4   Frase dita, recorrentemente, por Lacan em seus seminários.
5   Cf. Heitor O'Dwyer de Macedo, O Amor Verdadeiro, *Cartas a uma Jovem Psi-
    canalista,* Perspectiva: São Paulo, 2011. (Ed. franc.: L'Amour véritable, *Lettres
    à une jeune psychanalyste,* Stock: Paris, 2008.)
6   S. Beckett, Pourquoi écrivez-vous?, *Libération,* Paris, s/n, 1985.
7   *Toute ma vie j'ai été une femme,* Paris: POL, 2008.

deveria incluir apresentações clínicas regulares, seguidas de uma discussão extensiva das questões propostas.

O fator determinante para o sucesso desse desafio foi o interesse e o apoio que o projeto recebeu, desde o início, de um grupo de amigos. A presença e a participação ativa deles possibilitaram, logo no começo, que a palavra circulasse em um plano que só a amizade garante; plano feito de confiabilidade e exigência, respeito e rigor, generosidade e intransigência. Essas características permitiram que os mais jovens, tanto quanto os verdadeiros clínicos, apresentassem suas dificuldades e seus achados com toda a confiança e liberdade.

Por isso, quero agradecer, em primeiro lugar, àqueles que me acompanham há muito tempo: Leslie Kaplan, minha esposa e companheira; Naruna Kaplan de Macedo, minha filha e testemunha; Annie Topalov, amiga fiel, cujo acompanhamento esclarecedor já havia sido decisivo para a redação de meu livro *Lettres à une jeune psychanalyste* (*Cartas a uma Jovem Psicanalista*), e que, como corresponsável pelo seminário, a contribuição a respeito da clínica da perversão propõe uma nova metapsicologia sobre o fato perverso[8].

A Lise Beaulieu, Guy Gérard, Claire Hocquet e Joseph Scdillow, que, tendo outras práticas de pensamento – cinema, teatro, direito –, desempenharam papel determinante na transversalidade dos intercâmbios e na liberdade com a qual a palavra circulou depois das exposições.

A Patrick Chemla, médico diretor do Centre Antonin Artaud, pela amizade e pelo apoio. Também ao conjunto da equipe de atendimento do Centre Antonin Artaud.

A Anna Angelopoulos, Presidente da Fédération des Ateliers de Psychanalyse, por ter acolhido o seminário na instituição, por sua presença e participação – generosa e inteligente.

No final do livro, indico em nota a totalidade dos textos teórico-clínicos produzidos durante o seminário que, na data em que escrevo, entra em seu quarto ano.

O livro que o leitor tem em mãos reúne minhas intervenções durante os primeiros dois anos do seminário.

---

8 Com publicação parcial no Brasil na revista *Percurso: Trauma e Perversão* (São Paulo, n. 47, 2012).

NOTA INTRODUTÓRIA

Outra versão do texto foi publicada como folhetim no jornal virtual *Mediapart*[9], durante o ano de 2011, graças a Sophie Dufau e Yves Gigou – aos quais agradeço calorosamente.

9 Disponível em: <www.mediapart.fr/>.

O Subsolo

Meu primeiro encontro com Dostoiévski data de várias décadas. Eu tinha catorze anos. O primeiro livro foi *Crime e Castigo*. Em seguida, o conjunto da obra. Lia, evidentemente, em português. Os exemplares dos livros eram de formato bem grande, com letras enormes. Cada volume, portanto, impressionava pelo tamanho e peso. Uma espécie de caixote que eu contemplava sempre com emoção e respeito. E orgulho. Orgulhoso de sentir tamanha emoção, de poder contê-la, cultivá-la. Ainda hoje, a lembrança intacta daquela experiência totalmente nova, inaugural, me comove e apazigua. O apaziguamento já estava lá, na época. Não acredito que ele tenha vindo primeiro. Acredito que tenha vindo depois da descoberta que transformou minha vida. Desculpem a inevitável hesitação; todos sabemos da impossibilidade de falar de modo preciso sobre esses momentos fundadores de uma existência.

O tamanho e o peso dos volumes contribuíam certamente para esse apaziguamento. Aquela dimensão física da leitura enquadrava o corpo a corpo psíquico com a obra, corpo a corpo que exaltava, humanizava. Igualmente tranquilizadora era a presença física do volume dos livros. Ela conferia realidade àquela presença que eu acolhia jubilosamente em mim.

Presença de um outro. Cercado por aqueles livros – eu bem depressa espalhara pelo quarto o conjunto da edição completa –, sentia o imenso orgulho daquele elo íntimo com um pensamento, elo que me possibilitava reconhecer uma intimidade, intimidade que me separava, separava, separava de tudo o que me atravancara e me atravancava ainda. Aquela intimidade dava forma à minha solidão, solidão em que era bom estar. Contemplando aqueles livros, comovido e respeitoso com o presente que a vida me dava, eu tinha a convicção absoluta de que eles haviam sido escritos para mim, primeiramente para mim. Não eram um segredo, mas eram meu segredo.

Aqueles livros não eram "um" segredo, pois meus pais sabiam que eu os lia – ficavam até admirados por eu me aplicar tanto em lê-los (na verdade, era minha primeira paixão, mas isso, isso eles não sabiam). Eram, porém, "meu" segredo porque, apesar de postos ali, à vista de todos, aqueles livros encerravam um tesouro conhecido apenas por mim: eram a vida viva! O fato de meus pais (sobretudo minha mãe) admitirem sem dificuldade aquele elo profundo com alguém que não eram eles mesmos consistia, em si, em uma verdadeira novidade. Uma libertação também: pela primeira vez eu podia reconhecer, sem culpa, que uma experiência me pertencia. Aquela experiência transformou minha vida, transformou a vida: com Dostoiévski, eu aprendia que os afetos podem ser nomeados, que se pode sentir outra coisa que não angústia e que a angústia, portanto, tem um nome. Dar nome aos afetos: essa foi a primeira coisa que Dostoiévski me ensinou.

Os psicanalistas sabem: quando uma criança de catorze anos chega a se apaixonar a esse ponto por um autor, de duas uma: ou ela vai muitíssimo bem, ou algo está entravando gravemente a vida. Se o autor é Dostoiévski, não está excluída a possibilidade de ela vir a ser um criminoso. Ou então psicanalista. Freud ouviu frase semelhante na infância. Frase que Dostoiévski certamente poderia ter escrito. Sem dúvida alguma, a personagem de *Memórias do Subsolo* poderia completar do seguinte modo a primeira linha de seu caderno: "Sou um homem doente... Um homem mau... *Um criminoso*."

1. O HOMEM DO SUBSOLO

Memórias do Subsolo é o terceiro livro escrito por Dostoiévski depois de seu retorno da Sibéria, para onde foi deportado e ficou cinco anos por conspirar contra o poder czarista. Sua prisão foi seguida de um simulacro de execução capital, experiência terrível, que o marcou profundamente (mais adiante me demorarei nesse momento de horror).

Trata-se de uma narrativa sobre a volúpia, o prazer. Mas prazer de quê?, interroga-se a personagem. Aliás – diz ele –, foi para compreender em que consiste essa volúpia, esse prazer, que ele tomou da pena[1].

Em um primeiro nível, pode-se dizer que se trata da volúpia do ódio. Ódio de si mesmo, ódio do outro. *Um homem mau, um homem doente.* Um inseto, um rato, volúpia com a própria degradação, com o próprio aviltamento, com o desespero, com o fato de ser canalha. Essa impressão decorre do tom empregado, sarcástico e escarninho. Esse tom é consequência do desprezo que a personagem sente por si mesmo, que é o efeito mais espetacular de sua solidão abissal. Só lhe resta o prazer de seu sofrimento (veremos adiante em que consiste esse sofrimento).

Se o tom desagradável se mantém ao longo de todas essas "memórias" e se a solidão engendra o monstruoso, não se deve esquecer-se de considerar ambos – tom e solidão – como sintomas apresentados por um sujeito que se sente excluído do mundo. Bem depressa, aliás, são as causas da admissão desse isolamento que preocupam o narrador. Por exemplo, ele não consegue reduzir sua existência ao bom senso científico, segundo o qual dois e dois são quatro. Uma tremenda dor de dente ou um crime são preferíveis a tal redução. Pode-se com razão ver nisso uma recusa às leis e um elogio da perversão. Mas isso é um primeiro nível de leitura.

Pode-se também alinhar com esse primeiro nível a culpa difusa que habita o *homem do subsolo*, assim como seu tédio,

---

1 Utilizamos a tradução de Boris Schnaiderman da obra *Memórias do Subsolo*, (São Paulo: Editora 34, 2000), de F. Dostoiévski. A palavra usada por Schnaiderman é *prazer* (p. 20). A versão francesa utilizada pelo autor é de autoria de André Markowicz em F. Dostoiévski, *Les Carnets du sous-sol*, Arles: Actes Sud, 2009 (Col. Babel); Markowicz prefere usar a palavra *jouissance*, mais próxima ao nosso "gozo". (N. da T.)

ou aquilo que ele chama de peso da inércia, ou sua impossibilidade de amar ou de tomar uma decisão.

Se ficarmos nesse nível, o *homem do subsolo* será o melhor exemplo de análise lacano-milleriana bem-sucedida: a consciência de que o ser humano, no fundo, não passa de lixo, de que todo e qualquer sentimento de bem-estar é ilusão, de que a única verdade acessível consiste na contemplação da própria impotência. O *homem do subsolo* goza de seu des-ser. Não estou sendo sarcástico ao dizer isso. Acredito que esse tipo de constatação é um tanto desesperadora. E é desesperador que alguns psicanalistas possam formular semelhantes asneiras. A propósito, essa concepção cínica da existência não é diferente da que existia em certo meio intelectual da Rússia no tempo de Dostoiévski, cinismo que o deixava indignado e que ele denunciava.

De outro ponto de vista, as *Memórias do Subsolo* falam das condições necessárias para que o pensamento exista: todo pensamento começa além do amor-próprio. Não é possível, ao mesmo tempo, pensar e proteger-se das consequências de seu pensamento. A ausência de amor-próprio possibilita pensar com agudeza os movimentos mais sutis que habitam o outro.

É por isso que o ódio a si mesmo é capaz de engendrar pontualmente um pensamento forte – limitado, é verdade, pela impossibilidade em que o sujeito se encontrará de utilizá-lo.

O ódio ao outro e ao mundo também engendra um pensamento. Seu caráter destrutivo, assassino, apresenta a nervura do real em seu aspecto obsceno, ignóbil, aterrorizador. Como seu vigor se baseia em certezas paranoicas, esse pensamento é igualmente estéril, igualmente inutilizável pelo sujeito.

O que nos ensina então o *homem do subsolo*, a nós que temos o hábito, transmitido por Freud, de sermos ensinados pela psicopatologia? Que se desprender de si e deixar que caiam os vínculos do amor-próprio são coisas que pressupõem uma forte base existencial – o que os psicanalistas chamam de narcisismo primário bem estruturado. Essa é a condição que possibilita ao sujeito o uso de seu pensamento, o gozo de sua realização. Depende também dessa base existencial que o pensamento seja um pensamento prático, aquele que permite que o sujeito construa uma nova interpretação de sua história e uma nova posição no mundo. Libertado do amor-próprio, o pensamento alimenta-se da selvageria de seu impudor, da força de seu combate com a espessura do mundo, de sua alegria de representar o desconhecido.

Antes de assumir a volúpia de sua baixeza e de seu vício, o *homem do subsolo* suportou enormes sofrimentos:

> E, no início, quanto não sofri nessa luta! Não acreditava que o mesmo acontecesse a outrem e, por isso, mantive-o em segredo a vida toda. Envergonhava-me disso (e talvez me envergonhe ainda hoje)"[2]

Portanto, no momento em que escreve, o *homem do subsolo* sabe não ser o único a conhecer essa experiência. Agora nos demoraremos nas razões desses sofrimentos. Como verão, não ficaremos decepcionados.

2. RAZÕES DO SOFRIMENTO

Cabe lembrar que antes de se definir como vicioso, canalha, o *homem do subsolo* se indaga:

> terão outras pessoas semelhantes volúpias?[3]

Ele se sente culpado. É até mesmo o primeiro culpado, mas *um culpado sem pecado.* Culpado de ter uma *consciência demasiado viva, uma consciência hipertrofiada.* Aliás, pergunta-se ele:

> Pode porventura um homem dotado de consciência respeitar-se um pouco sequer?[4]

E nós nos perguntamos: consciência de quê?

A resposta é evidente. A evidência que caracteriza todos as grandes personagens da obra. Dostoiévski apresenta suas personagens às voltas com uma descoberta escandalosa que elas não conseguem designar, mas cujos efeitos aceitam corajosamente. Como Dostoiévski compartilha com elas essa experiência do inominável, o leitor, por sua vez, é convidado a participar

2   *Memórias do Subsolo*, p. 19.
3   *Les Carnets du sous-sol.*
4   *Memórias do Subsolo*, p. 20, 28.

de uma busca ancorada na palavra – as personagens de Dostoiévski falam o tempo todo –, busca vertiginosa em torno de um ponto de desconhecido que, como sabemos hoje, se chama inconsciente. O *homem do subsolo*, seus irmãos e algumas de suas irmãs na obra acolhem com coragem e generosidade os efeitos da relação com o ponto de desconhecido. (É por serem generosas que as grandes personagens dostoievskianas são excessivas.) O ponto de desconhecido fascina e valoriza as personagens: elas têm orgulho de sua singularidade radical. Esse ponto de desconhecido as repugna e acabrunha: projetadas em uma solidão abissal, elas experimentam dolorosamente o sentimento de serem excluídas da comunidade de seus contemporâneos. Esse desmembramento, essa alternância entre paixão e horror acompanham a impossibilidade em que se encontra a *consciência demasiado viva* de dar nome ao desconhecido que ela reconhece. A *consciência demasiado viva* tem uma convicção indiscutível: a personalidade (diríamos hoje "sujeito") não se reduz à consciência (diríamos hoje "eu"). Se às vezes a lucidez da personagem pode chamar de inconsciente o que vem do desconhecido – como veremos, os exemplos são numerosos –, ela o considera então como uma *fonte* e não como um *lugar*.

Designar o inconsciente como lugar será a obra realizada por Freud. Mas Dostoiévski, com suas personagens, nos dá acesso àquilo que Freud pode ter vivido durante sua autoanálise, mais precisamente ao inferno no qual ele pode ter mergulhado antes de descobrir a fantasia. Se Freud, antes da descoberta da fantasia, se sentia tão miserável quanto o *homem do subsolo*, é porque não podia considerar o conjunto dos pensamentos que acolhia e o conjunto dos desejos que reconhecia em si, como, simplesmente, o campo dos possíveis de um sujeito humano. *A ausência desse ponto de vista* transforma cada pensamento e cada desejo reconhecidos como *verdade substantiva do ser*. Nesse beco sem saída, se o sujeito tem um pensamento perverso é porque é um perverso, se imagina um crime é porque é criminoso, e assim por diante. Nessas circunstâncias, a intensidade da angústia a ser contida é gigantesca e seus efeitos, devastadores. A correspondência integral e não censurada de Freud com o amigo Fliess, que é o nascimento da Psicanálise, dá amplo testemunho desse tormento – o mesmo que também submerge as personagens dostoievskianas.

No mundo ocidental de hoje, para alguns, o inconsciente é uma evidência, tal como a água encanada ou a eletricidade. Banalizado, como toda questão fundamental, tornou-se uma informação desconectada do escândalo de seu enraizamento na sexualidade infantil. Mas para o homem que, pela primeira vez, teve a força de reconhecer seu desejo sexual pela mãe e a força do desejo de assassinar o pai, a dor psíquica e a vergonha dessa descoberta devem ter sido intoleráveis.

As personagens dostoievskianas conhecem essas dores e essa vergonha, entretanto, ao contrário de Freud, nunca poderão reconhecer os elos que unem suas tramas de desejos à fantasia. Têm, então, apenas três possibilidades: ou ficam sideradas pelo campo do possível que descobrem; ou se precipitam para a realidade de uma passagem ao ato que as fixa em uma representação horrível de si mesmas; ou se tornam santas, místicas, capazes de uma tolerância infinita para com o inumano que todo humano contém em si. As personagens dostoievskianas giram em círculos – como Freud girou em círculos durante sua autoanálise – por considerarem que é do *ser o que é apenas fantasia*. E como são generosas e corajosas na acolhida e na travessia das fantasias que deparam, sem poderem designá-las como tais, reconhecem-se como uma *pluralidade de seres* e já não sabem *quem* são. E quem são, afinal? Reservatórios de devaneios e realidades, capazes de sofrimentos e de tranquilidade, de paixões e de vergonha, de amor e de ódio, do sublime e do crime; em suma, sujeitos semelhantes a qualquer ser humano. Aliás, o *homem do subsolo*, que é o paradigma dos impasses com que se deparam as personagens dostoievskianas, às vezes pode reconhecer que não é o único de sua espécie.

3. ENCONTRO COM O INCONSCIENTE

Os psicanalistas estão familiarizados com todos os expedientes para se esquivar à dor e à vergonha, engendradas pelo reconhecimento das fantasias inconscientes. Durante a análise pessoal, eles conheceram a força das resistências arregimentadas para não reconhecerem como mundo interior o que tratavam como realidade exterior. Também conheceram as dificuldades de conter a angústia de um conflito psíquico, em vez de exportá-lo para a cena do mundo. Conheceram ainda o tempo necessário para deixar de utilizar – como faz o *homem do subsolo* – a dor como emblema narcísico valorizador, para considerá-la, simplesmente, uma parte do quinhão daquilo que constitui nossa humanidade.

Os psicanalistas podem, portanto, compreender bem o tormento que aprisiona as personagens criadas por Dostoiévski. Sabem por experiência – pessoal, clínica ou ambas – a energia empregada para *não* libertar a criança massacrada pela vergonha de ter tido pais assassinos. Abandonar essa vergonha é deixar definitivamente o real de uma cena de destruição, transformando-o em objeto de pensamento. Escolher a memória contra o real de um afeto é aceitar uma ferida psíquica, depois (talvez) uma cicatriz, cicatriz que marca a passagem, o transporte, da experiência real a um lugar no inconsciente. Ter acesso a um olhar para o mundo, *ter um ponto de vista*, implica o abandono da megalomania infantil – a que atormenta e habita o *homem do subsolo*, a mesma utilizada pela criança que ele foi para sobreviver ao desastre.

Se dermos um salto na obra e considerarmos duas grandes figuras, que são o Príncipe Míschkin, em *O Idiota*, e Alióscha, em *Irmãos Karamázov*, veremos que eles também não são estranhos aos psicanalistas. Na comunidade psicanalítica, e há muito tempo, existem os que fizeram da psicanálise uma religião. No melhor dos casos, eles têm compaixão por seus pacientes. Mas ela não lhes serve de quase nada; não levando em conta sua própria vida e seu próprio desejo, como Míschkin ou Alióscha, eles estão profundamente sem recursos para abrir o tratamento para imaginários vivos. Outra coisa, evidentemente, é a transformação da psicanálise em seita laica a funcionar como alavanca para a alienação. Disso Dostoiévski também fala e voltaremos ao assunto demoradamente quando tratarmos da fascinação exercida pelos assassinos de alma.

No *homem do subsolo*, Dostoiévski, como eu dizia, apresenta-nos a angústia inominável que pode acompanhar o encontro com o inconsciente. (Todas suas personagens serão

O SUBSOLO 9

permeadas pela mesma angústia.) E nos apresenta também como essa angústia impede a espontaneidade, paralisa a ação, inibe a decisão.

Pois bem, um homem desses, um homem direto, é que eu considero um homem autêntico, normal. [...] Invejo um homem desses até o extremo da minha bílis. Ele é estúpido, concordo [...] Se tomarmos, por exemplo, a antítese do homem normal, isto é, o homem de consciência hipertrofiada, o homem saído, naturalmente, não do seio da natureza, mas de uma retorta [...], o que se verifica, então, é que esse homem de retorta a tal ponto chega a ceder terreno para a sua antítese, que assim mesmo se considera, com toda a sua consciência hipertrofiada, um camundongo e não um homem. [...] O infeliz camundongo já conseguiu acumular em torno de si, além da torpeza inicial, uma infinidade de outras torpezas, na forma de interrogações e dúvidas; acrescentou à primeira interrogação tantas outras não resolvidas que, forçosamente, se acumula ao redor dele certo líquido repugnante e fatídico, certa lama fétida, que consiste nas *suas dúvidas, inquietações.*[5]

Erraríamos se reduzíssemos esse tormento àquilo que a clínica psicanalítica ensina sobre as defesas construídas por um obsessivo. O *homem do subsolo* malogra na tentativa de erguer esse tipo de defesa. Se ruminação há – e há –, ela se dá diante de um campo de ruínas psíquicas. Ele rejeita a ideia platônica de homem normal, recusa a racionalidade consciente como critério de verdade do ser; mas a essa recusa ele só pode opor sua humanidade dolorosa, ferida, confusa. Por quê? Porque o encontro do *homem do subsolo* com o inconsciente ocorre em um cenário de ódio. Lembra-nos o ensinamento transmitido por Sandor Ferenczi em seu ensaio *Confusão de Línguas*[6]: esmagada pelo adulto perverso, a criança assume a culpa que o outro não sente.

Cito o *homem do subsolo*:

E, de modo geral, nunca suportei dizer: "Desculpe, papai, não vou mais fazer isto", não porque eu fosse incapaz de dizê-lo, mas, ao contrário, justamente porque talvez fosse demasiado capaz disso, não é mesmo? Como que de propósito, acontecia-me ser levado a fazê-lo

---

5 *Memórias do Subsolo*, p. 22-23. Grifo nosso.
6 Cf. *Confusion de langue entre les adults e l'enfant*, Paris: Payot-Rivages, 1932 (col. Petite Bibliothèque Payot).

10 OS ENSINAMENTOS DA LOUCURA

justamente quando não tinha qualquer culpa, nem sequer em pensa-mento. Isso já era a pior vileza. [Na frase anterior – "O infeliz camun-dongo [...]"– já havia menção a essa vileza, mas interiorizada]. E ao mesmo tempo eu ficava, no entanto, comovido até a alma, arrependia--me, vertia lágrimas e, naturalmente, *ludibriava a mim mesmo, embora absolutamente não fingisse. Era o coração que praticava de certo modo uma torpeza.* [...] Faz mal lembrar tudo isto, e naquele tempo também fazia mal. Com efeito, ao cabo de um minuto, mais ou menos, já me acontecia perceber, enraivecido, que todos aqueles arrependimentos, todos aqueles estados comovidos, aquelas juras de regeneração, eram mentira, uma repugnante e afetada mentira.[7]

Essa culpa com que o sujeito arca para proteger o pai será tema central em *Irmãos Karamázov.* Em *Memórias do Subsolo,* os pais saíram de cena, resta o corpo psíquico, escorchado.

Para o *homem do subsolo,* a questão do pai está também no centro do quadro. O texto, aliás, acabará com o pai, mais precisamente com a ausência do pai. Vejamos:

Já faz tempo que não nascemos de pais vivos, e isto nos agrada cada vez mais. Em breve vamos querer nascer de uma ideia.[8]

4. AS VÁRIAS DIMENSÕES DA PERSONAGEM

O *homem do subsolo* se mantém na fronteira entre o reconhe-cimento de seu inconsciente e a introspecção. Se sua narrativa nunca é enfadonha é porque dá testemunho de uma busca ver-tiginosa para fazer sua angústia inominável caber no âmbito de uma representação. Ora, nenhuma das representações encon-tradas o satisfaz; uma representação ainda não se tornou objeto de pensamento e é imediatamente expulsa por outra. Todas as representações são afogadas por uma vaga de afetos que sub-merge o sujeito. É por intermédio do ódio que ele tenta encon-trar um meio de organizar o caos. Como o ódio empregado não é seu, mas o ódio do próprio pai que retorna, é sempre e sem-pre uma paisagem de destruição que ele engendra e encontra.

---

7 *Memórias do Subsolo,* p. 28. Grifo nosso.
8 J.W. Bienstock (trad.), *Notes du sous-sol,* Paris: POL, 1993, p.158.

Há, de início, três personagens no *homem do subsolo*. A da primeira parte, a do encontro com Símonov – e com tudo o que se segue – e do amante de Liza. Como a história com Liza reinterpreta o todo, então lemos de outra maneira a primeira parte, podemos dizer que há, afinal, pelo menos quatro personagens nessa narrativa.

A personagem da primeira parte comove pela desesperança. É uma personagem trágica cujas bravatas não enganam. Ao contrário, ressaltam o lado sombrio e tenebroso desse homem solitário. A do encontro com Símonov causa admiração, angústia e repugnância. O homem que havíamos conhecido na primeira parte era, por nós imaginado, intratável, avesso às convenções, desdenhoso das coisas mundanas. A personagem untuosa, ridícula, sentimental e lastimável da casa de Símonov e da noite seguinte obriga-nos a admitir que o que tínhamos tomado por bravata na primeira parte era a expressão de uma verdade intolerável que não quiséramos reconhecer como tal.

Isso ocorre frequentemente em análise. Decorre de nossa ingenuidade ou de nossa idealização, em suma, de nossa contratransferência. Recebemos alguém cujas entrevistas preliminares nos dão vontade de prosseguir um trabalho. Bem depressa, uma vez no divã, o paciente apresenta-se de maneira ignóbil. Pomos isso na conta da regressão e... esperamos a continuação. Algum tempo depois, meses ou anos, eis que ficamos sabendo de fatos que confirmam as palavras do início do tratamento. E ficamos horrorizados diante dessa descoberta.

Há aqueles que dizem que "nessa" eles não caem. Que nunca se deixam enganar. Esses não são analistas. Não é possível ser psicanalista e ser cínico. Ser analista pressupõe poder ser enganado. A questão é: como agir nesses momentos? Como não esquecer que, se o sujeito chega a se apresentar de maneira tão imunda, é porque ele está em análise e deposita em nós inteira confiança?

Eis aí uma primeira característica da obra de Dostoiévski: as palavras sempre querem dizer exatamente o que dizem. Como em análise. O que ocorre em casa de Símonov e no restaurante já está dito na primeira parte. Nós é que não queríamos acreditar naquilo que líamos.

E depois há Liza. Toda aquela crueldade, aquele ódio. Toda aquela fraqueza. Não queríamos acreditar. No entanto, isso também fora enunciado na primeira parte, toda aquela lama, aquele prazer com o horror.

Então relemos a primeira parte para percebermos que nossa dificuldade consistia em reconhecer tamanho ódio por si mesmo. De fato, ele é inimaginável sem a história de Liza, que é seu exemplo clínico.

5. RELEITURA DA PRIMEIRA PARTE

Uma releitura mais atenta da primeira parte da novela de Dostoiévski reserva surpresas. A dificuldade de reconhecer a magnitude do ódio da personagem não é tão fortuita. Ela se diz doente, má, um inseto, menos que um inseto, aliás, e culpada. Mas o gênio de Dostoiévski apresenta esses qualificativos como resultado de uma exploração que a personagem faz de seu inconsciente. Ele diz:

Não acreditava que o mesmo acontecesse a outrem e, por isso, mantive-o em segredo a vida toda.[9]

O ódio não é apresentado como um bloco único, mas como partes:

A todo momento constatava em mim a existência de muitos e muitos elementos contraditórios a isso. Sentia que esses elementos contraditórios realmente fervilhavam em mim.[10]

Entre esses elementos há também a imperiosa realidade do desejo, realidade imperiosa que o *homem do subsolo* defende de maneira indiscutível. Em outros termos, quem nunca se sentiu como o último dos miseráveis? É essa universalidade daquilo que se passa na realidade psíquica do *homem do subsolo* que possibilita a nossa identificação – da mesma maneira que o leitor se identifica com os pacientes dos casos clínicos publicados por Freud.

9 *Memórias do Subsolo*, p. 19.
10 Ibidem, p. 16.

Essas considerações possibilitam modular o que eu dizia anteriormente sobre a maneira como acolhemos a apresentação ignóbil que o *homem do subsolo* faz de si mesmo. Talvez não seja a ingenuidade que nos torne tolerantes diante dessa apresentação, e sim a nossa convicção de que a paleta de fantasias é infinita. Pode-se fantasiar tudo, pensar tudo, desejar tudo. Mas não se pode fazer tudo.

Na primeira leitura do *homem do subsolo*, consideramos o início da narrativa como uma coleção de fantasias, que organizam uma autorrepresentação do sujeito marcada por uma exigência devastadora. É na conta dessa exigência devastadora – que Freud chamava de Supereu cruel – que lançaremos o episódio do militar, com seu cortejo de obsessões. Mas o evento Liza põe outras cartas na mesa, reinterpreta tudo. Um ato não anula o registro da fantasia, mas tal permeabilidade entre os dois modifica nosso modo de apreender a fantasia no conjunto do funcionamento psíquico: um crime é um crime.

Leslie Kaplan, no penetrante ensaio por ela dedicado a essa obra[11], toma, com razão, a decisão de considerar o conjunto do monólogo à luz do evento com Liza, evento que ela chamará de *experiência do assassinato*. Voltaremos a isso, contudo, por ora, cabe retomar a narrativa desde o começo.

Já na abertura, o leitor hesita entre considerações contraditórias. Depois de se apresentar como essencialmente doente, depois de se descrever como má, de se descrever como mesquinha e tirânica no trabalho, a personagem fala de sua inteligência, de seu horror à mediocridade. Para, logo em seguida, dizer-se uma imbecil que não merece viver depois dos quarenta anos. (Capítulo I)

Segue-se uma incrível descrição sobre a equivalência dos contrários. Também aí encontraremos – com espanto – o que Freud dirá várias décadas depois sobre a ausência dos contrários no inconsciente: o inconsciente não conhece a negação. Em outros termos, o funcionamento psíquico da personagem dostoievskiana é regido pelos processos que Freud reconhecerá e descreverá como próprios do inconsciente: os processos primários. Cito um exemplo dessa equivalência de contrários:

---

11 L'Expérience du meurtre, em F. Dostoiévski, J.W. Bienstock (trad.), op. cit. Ensaio retomado em L. Kaplan, *Les Outils*, Paris: POL, 2003.

Quanto mais consciência eu tinha do bem e de tudo o que é "belo e sublime", tanto mais me afundava em meu lodo, e tanto mais capaz me tornava de imergir nele por completo.[12]

Então ela se demorará na volúpia que sente nesse estado de coisas, volúpia que torna inútil qualquer ação e à qual se mescla o desespero. (Capítulo II)

Essa impossibilidade de agir é consequência de uma economia muito específica da agressividade, que torna esta última incapaz de se manifestar, de se voltar para o exterior. Voltada contra si, a agressividade virá a alimentar o ódio no qual se afoga o *homem do subsolo*. Não poder dirigir a agressividade para o exterior impede (ou compromete seriamente) toda e qualquer ação sobre a realidade do mundo. *Esses nódulos dos desejos insatisfeitos que penetraram no interior do ser* acabam por nos afastar do mundo, por torná-lo irreal e perseguidor. Esse afastamento do mundo exacerba a atenção para o próprio funcionamento psíquico e engendra uma susceptibilidade que nos fará sentir *responsáveis* por tudo o que nos acontece. É também essa susceptibilidade que virá colorir de perseguição o encontro com o outro. (Capítulo III)

Pode porventura um homem consciente respeitar-se um pouco sequer?[13]

Escreve Dostoiévski no fim do Capítulo IV da primeira parte. Essa frase nos leva a pensar em Freud, para quem o reconhecimento do inconsciente é uma ferida no amor-próprio do homem. O *homem do subsolo* descreverá de maneira notável como o encontro com o inconsciente o faz perder *todo poder sobre (si)-mesmo*, como o mergulha em uma dúvida permanente, dúvida que engendra o tédio, tédio que engendra, por sua vez, a impossibilidade de agir e um devaneio frenético que substitui o investimento do mundo. Depois de considerar seu esmagador sentimento de culpa, o *homem do subsolo* aborda sua impossibilidade de se entregar à raiva e, de modo mais geral, de ser agressivo. Ele observa que, para realizar um ato, é preciso *entregar-se a seu sentimento*. Ora, poder entregar-se a

12 *Memórias do Subsolo*, p. 19.
13 Ibidem, p. 28.

seu sentimento pressupõe agressividade – portanto, ele é incapaz. Ele conclui, no capítulo v:

porque, em toda a vida, não pude começar nem acabar coisa alguma[14].

Cabe observar a grande sutileza de Dostoiévski ao reconhecer que a entrega a um sentimento pressupõe agressividade. De fato, dizer *estou triste* implica, ao mesmo tempo, uma *escolha* entre uma infinidade de sentimentos possíveis e a *afirmação* dessa escolha – logo, de nossa diferença – na cena do mundo.

6. ELOGIO AO SINTOMA E AO DESEJO

Vejamos o elogio que Dostoiévski faz ao sintoma, a sua importância:

Oh, se eu não fizesse nada unicamente por preguiça! Meu Deus, como eu me respeitaria então! Respeitar-me-ia justamente porque teria a capacidade de possuir em mim ao menos a preguiça; haveria, pelo menos, uma propriedade como que positiva, e da qual eu estaria certo. Pergunta: quem é? Resposta: um preguiçoso. Seria muito agradável ouvir isto a meu respeito. Significaria que fui definido positivamente; haveria o que dizer de mim. "Preguiçoso!" realmente é um título e uma nomeação, é uma carreira.[15]

É verdade, a psicopatologia ajuda. Quem se diz histérico, obsessivo ou enquadrado em qualquer outra categoria nosográfica tranquiliza-se. Para alguns, saber que está sofrendo por uma doença mortal pode ser uma liberação, uma verdadeira carteira de identidade. (Capítulo vi)

Esse elogio ao sintoma acompanha a constatação por parte do *homem do subsolo* da fragilidade ou mesmo da ausência de defesas. Essa quase ausência de defesas, ausência desesperadora, tornará mais acessível o sentido daquilo que ocorre quando de seu encontro com colegas de estudo e depois com Liza.

E se porventura acontecer que a vantagem humana, *alguma vez*, não apenas pode, mas deve até consistir justamente em que, em certos casos, desejamos para nós mesmos o prejuízo e não a vantagem?[16]

14   *Notes du sous-sol*, p. 24.
15   *Memórias do Subsolo*, p. 31.
16   Ibidem, cap. vi, p. 33. Grifado no original.

É assim que Dostoiévski inicia sua demonstração da prevalência do inconsciente em relação a toda racionalização, da existência do conflito psíquico, do caráter indomável do desejo. Cabe notar que, nessa parte do monólogo, o discurso se universaliza. O *homem do subsolo* descreve o funcionamento psíquico em geral, insiste no modo como a verdade de um sujeito se situa fora dos sistemas explicativos do mundo. Nesse sentido, ele notará:

> Mas o homem é a tal ponto apaixonado[17] pelos sistemas e à dedução abstrata que está pronto a deturpar intencionalmente a verdade.[18]

Depois ele chega até a ressaltar os elos que existem entre tédio e racionalidade, tédio e ódio, tédio e crueldade. (Capítulo VII)

O segmento seguinte do monólogo começa com um ataque irônico ao delírio científico que alega poder reduzir o funcionamento desejante à pura lógica. Espantosamente atual, a descrição que ele faz evoca aquilo que os cognitivistas e os neurocientistas tentam levar-nos a admitir: que a sensibilidade, até mesmo os sonhos, pode ser reduzida a uma equação. O delírio cientificista que ele apresenta aí pode lembrar os efeitos exercidos pelo estruturalismo sobre o pensamento da década de 1970, especialmente sobre o pensamento psicanalítico. Lembra também a célebre observação feita por Sartre, na época, a Michel Foucault: "O importante não é o que se fez do homem, mas o que o homem fez com aquilo que se fez dele."[19]

Trechos selecionados:

> Bem, mas quando tudo isto estiver explicado, calculado sobre uma folha de papel [...], então naturalmente não existirão mais os chamados desejos. [...] E visto que todas as vontades e todos os raciocínios podem ser realmente calculados, [...] será possível elaborar uma espécie de

17 A tradução francesa de J.W. Bienstock diz: *L'homme nourrit une telle passion pour les systèmes* (O homem nutre tal paixão pelos sistemas). Cf. *Notes du sous-sol.*

18 *Memórias do Subsolo*, cap. VII, p. 36.

19 A reflexão sartriana se insere na polêmica contra o estruturalismo, doutrina segundo a qual toda subjetividade é o efeito das estruturas simbólicas que regem uma sociedade. Sartre, ao contrário, insiste na atividade imaginativa do ser humano, que é um dos fundamentos de sua liberdade. O número 30 da revista ARC (Aix-en-Provence, 1966), dedicado a Sartre, apresenta essa polêmica.

O SUBSOLO

tabela[20] [um grafo lacaniano?] [...] Pensai, senhores,: a razão é uma coisa excelente, isso é incontestável, mas razão é só razão e satisfaz apenas a capacidade humana de raciocinar, enquanto o desejo é a manifestação da totalidade da vida, isto é, de toda a vida humana, com a razão e com todas as comichões do desejo.[21]

A razão só sabe aquilo que aprendeu (ela nunca saberá outra coisa...),

enquanto a natureza humana age em bloco, com tudo o que nela existe de *consciente* e *inconsciente*, e, engane-se ou não, continua vivendo. [...][22] Mas, repito pela centésima vez, existe um único caso, apenas um, em que o homem pode desejar intencionalmente algo nocivo, insensato e insano: é quando ele quer ter o direito de desejar tudo o que há de mais absurdo, sem estar comprometido com o dever de desejar apenas o que é racional. Essa coisa absurda que é meu capricho, [...] talvez seja mais interessante que todos os interesses, [...] Com muita frequência e até na maioria das vezes [o desejo] diverge completa e obstinadamente da razão.[23]

Depois dessa definição do desejo como algo sempre transgressivo, segue-se, ainda de modo universalizante, a descrição do conflito psíquico em termos de confronto entre a consciência e o inconsciente. É então afirmada a necessidade do sonho, a necessidade dos *sonhos mais fantásticos*, e como o homem, *para preservar esse espaço de desmesura*, pode optar por recorrer à pulsão de morte. Não estou inventando nada, estou citando:

E, no caso de não ter meios para tanto, inventaria a destruição e o caos, desencadearia sabe-se lá que males, mas faria o que lhe desse na telha.[24]

E, se isso não bastar:

o homem só terá um meio para fazer o que lhe der na telha, que é perder a razão e ficar completamente louco[25].

20 *Memórias do Subsolo*, cap. VIII, p. 40-41.
21 Em "Pensai, senhores... comichões do desejo" foi utilizada como base a tradução francesa *Notes du sous-sol*, de J.W.Bienstock.
22 *Memórias do Subsolo*, p. 41-42. Grifado no original.
23 *Notes du sous-sol*, cap.VIII.
24 Ibidem.
25 Ibidem.

Notável concepção dostoievskiana *em que a loucura é o último recurso do sujeito para preservar sua humanidade.* Lembro que esse texto data de 1864.

7. EXTREMA SOLIDÃO

Depois de observar que uma lei para a lógica não é uma lei para a humanidade, o monólogo prossegue com a demonstração da universalidade da paixão pelo caos e pela destruição (é o que Freud chamará de pulsão de morte). Dostoiévski opõe essa paixão pelo caos ao mortífero, ou seja, erigir o bem-estar como objetivo da vida humana. Para pensar o homem, não se deve optar entre bem-estar e sofrimento, entre amor e ódio, entre vida e morte – é preciso aceitar tudo (Capítulo IX)[26]. Em seguida vem a defesa da fantasia por parte do *homem do subsolo*:

> Mas que tenho eu com o fato de que não se admita a sua existência? Não dá no mesmo, se ela existe nos meus desejos, ou, melhor dizendo, se existe enquanto existem os meus desejos?[27]

Dostoiévski, para que não haja dúvidas sobre o caráter universal daquilo de que ele está falando, utilizará o plural:

> estou certo de que a nossa gente de subsolo deve ser mantida à rédea curta[28].

O fim do monólogo (Capítulo XI) está cheio de movimentos contraditórios. Primeiramente a personagem proclama que prefere o *homem do subsolo* ao homem normal. Isso parece coerente, a partir de tudo aquilo que foi afirmado. No entanto, a personagem não consegue e diz não acreditar numa única palavra que escreveu:

---

26 Os que conhecem minha reflexão sobre a clínica psicanalítica devem se recordar de minha insistência em lembrar que o trabalho da compulsão de repetição também diz respeito à vida. Remeto a meu livro *Cartas a uma Jovem Psicanalista* (São Paulo: Perspectiva, 2011), exatamente à carta n. 11, dedicada à insistência de Eros.

27 *Memórias do Subsolo*, cap. x, p. 49.

28 Ibidem, p. 50.

O SUBSOLO

juro-vos, meus senhores, que não creio numa só palavrinha de tudo quanto rabisquei aqui![29]

De fato, *ele não pode considerar seu pensamento como realidade*. Retoma suas ruminações do começo, descreve-se como incapaz de iniciativa e, para concluir, simplesmente como um covarde. Essa guinada, depois de tudo o que foi tão bem defendido, mostra-se incompreensível. É, certamente, porque persiste uma *remota recordação*: o assassinato de Liza.

Se essa *remota recordação* pode servir de explicação *psicológica* para o fim da primeira parte do livro, do estrito ponto de vista da lógica do discurso, o retorno às autocensuras iniciais parece inevitável. A fala do *homem do subsolo* fecha-se em si mesma, não se dirige a outra pessoa. Simplesmente toma apoio em uma suposta oposição do outro para prosseguir o seu desenrolar. Sem dúvida, esse desenrolar encerra um apelo desesperado, mas, como o sujeito nunca espera que sua fala seja acolhida, não ocorre nenhuma inscrição. Embora o ouvinte – no caso o leitor – possa admirar-se com a acuidade das frases ditas, estas não chegam *a constituir um ponto de vista para o sujeito*, donde a irrealidade de seu pensamento.

O *homem do subsolo* fala, é verdade, como se estivesse em análise. Nesse aspecto, ele é uma demonstração eloquente do modo como uma terapia psicanalítica não se reduz à associação livre. Essencial como método de trabalho, a associação livre pressupõe a presença real de outro sujeito, o terapeuta. A este cabe cuidar para que o paciente faça bom uso desse método, a fim de que ele não se torne o caminho para uma introspecção estéril. Para isso, o paciente deve sentir-se acompanhado, apoiado e reconhecido na experiência exigente, às vezes desorganizadora, que é a descoberta do inconsciente.

A solidão extrema do *homem do subsolo* é, fundamentalmente, o que caracteriza todas as personagens dostoievskianas. Isso não impede que Dostoiévski seja, por excelência, o escritor do encontro. Sem dúvida, encontro malogrado, mas esse malogro revela veementemente o seu inverso: o fato psíquico que teria ocorrido se a personagem pudesse transformar seu apelo

29 Ibidem, p. 51.

20 OS ENSINAMENTOS DA LOUCURA

desesperado em desejo de ser acolhida pelo outro, se a personagem aceitasse o risco de se desalojar de sua solidão para viver a realização que acompanha o reconhecimento de sua dívida e de sua dependência em relação a outro sujeito.

8. O MAIOR PECADO

Para Kafka, o maior pecado é a impaciência. Para Dostoiévski, é a mentira[30]. As *Memórias do Subsolo* esteiam-se nisso e apresentam um postulado que percorre o conjunto da obra: mais vale ser louco que ser impostor.

O Palácio de Cristal é um monumento arquitetônico moderno, construído em 1851 para a Primeira Feira de Londres. Durante sua permanência naquela cidade, Dostoiévski verá na enorme construção feita de ferro e vidro a encarnação do monstro Baal, criatura orgástica dos infernos, prenunciada pelo *Apocalipse*, expressão do ideal ateu, ímpio, racionalista e cúpido da cultura europeia[31]. Menciono essa observação de Dostoiévski porque, de meu ponto de vista, ela apresenta de maneira singular duas das ameaças que o atormentam e percorrem a obra. Aqui, graças à menção de Baal, elas estão associadas e condensadas. Uma é a questão da ideia dissociada dos afetos; a outra é a sexualidade.

A ameaça de um ideal que não se enraíze na sensibilidade é tratada por Dostoiévski de modo frontal e obsessivo. É seu combate contra o racionalismo capitalista da cultura europeia e contra os efeitos dessa ideologia no funcionamento psíquico do sujeito: a racionalização, o funcionamento racionalizante do pensamento capaz de justificar tudo. Lembro, mais uma vez, o que é escrito pelo *homem do subsolo* no fim de suas notas:

> Já faz tempo que não nascemos de pais vivos, e isto nos agrada cada vez mais. Em breve vamos querer nascer de uma ideia.[32]

---

30 Cf. F. Dostoiévski, Vadim Nikitin (trad.), Sonho de um Homem Ridículo, *Duas Narrativas Fantásticas*, 3. ed., São Paulo: Editora 34, 2011.

31 Cf. B. Schnaiderman (trad.), *O Crocodilo e Notas de Inverno Sobre Impressões de Verão*, 4. ed., São Paulo: Editora 34, 2011.

32 *Memórias do Subsolo*, p. 158.

A sexualidade como ameaça é apresentada subliminarmente, mas também atravessa todos os romances. De meu ponto de vista, a questão da mulher é certamente a que preocupa mais Dostoiévski, que mais o obceca. Para alguns, isso pode parecer contraditório com a afirmação de que, para ele, a sexualidade é uma ameaça. Essas contradições aparentes são o quinhão cotidiano do clínico, e voltaremos a isso.

Mas as posições de Dostoiévski sobre a ideia separada do afeto ou sobre a sexualidade estão longe de ser fortuitas ou conjunturais. No que se refere à ideia, trata-se de um tema que faz parte de seu combate, de sua polêmica contra o racionalismo e o materialismo que, segundo ele, são os dois flagelos que ameaçam aquilo que a cultura e a tradição russas têm de mais precioso. O racionalismo materialista europeu é uma mentira. E a mentira, para Dostoiévski, é o maior pecado.

"O Sonho de um Homem Ridículo", narrativa fantástica publicada no *Diário de um Escritor*, em abril de 1877, trata essas questões de uma maneira que não poderia ser mais esclarecedora. É um texto escrito treze anos após *Memórias do Subsolo*, quatro anos antes da morte de Dostoiévski. Em alguns aspectos, sua personagem não deixa de lembrar a do *subsolo* que também se considerava ridículo.

Um homem, para quem tudo se tornou indiferente há vários anos, decide suicidar-se depois de uma noite enfadonha passada com conhecidos. Ao voltar para casa, depois de tomar essa decisão, depara com uma menina desesperada que lhe pede ajuda. Ele a manda plantar batatas, não sem antes notar que não está absolutamente insensível à imensa dor da garota. Mas – pensa – por que se interessar pela infelicidade de uma garota quem decidiu pôr fim à própria vida? (Na obra de Dostoiévski há outros encontros fundamentais entre personagens masculinas maiores e garotas. Esses encontros estão associados à morte: Svidrigáilov em *Crime e Castigo*; Stavróguin em *Os Demônios*. A posição de Liza em relação ao *homem do subsolo* também é uma posição de criança).

Ao chegar em casa, miserável morada, o homem ridículo senta-se em frente à mesa, onde põe o revólver. Pensa em sua decisão e – constatação desagradável – também na pobre menina que encontrou na rua. Aí ele pega no sono e tem um sonho que mudará sua vida.

22 OS ENSINAMENTOS DA LOUCURA

Nesse sonho ele está no paraíso antes do pecado original. Todos os homens se amam, não conhecem o medo nem a violência. Vivem em harmonia com a natureza e os animais. Ele, homem ridículo, sente-se envergonhado. Admirado com o mundo pacato que está encontrando. Mas, com o passar o tempo, ele os contaminará: os outros aprenderão a mentira, que é o maior pecado, e depois a sensualidade. O ódio, a inveja e as rivalidades ocuparão todo o lugar. Ao acordar, o homem ridículo decide não mais se suicidar para levar ao conhecimento de todos que existe a possibilidade de um mundo no qual reinem o amor e a paz. Por outro lado – paradoxo –, o leitor não poderá esquecer que os habitantes do paraíso preferiram ter uma humanidade com o lado sombrio que a acompanha.

9. SEGUNDA PARTE: *A POSTERIORI*

Eu disse que o episódio com os colegas de estudo parece inverossímil depois de tudo o que o *homem do subsolo* diz na primeira parte. Na verdade, a inverossimilhança deixa de existir se nos lembrarmos que a segunda parte é cronologicamente anterior à primeira. Esses acontecimentos com os colegas de classe, bem como o encontro com Liza, ocorreram antes. O que está escrito na primeira parte é consequência das experiências vivenciadas na segunda.

O *homem do subsolo* escreve no fim da primeira parte:

> Existem nas recordações de todo homem coisas que ele revela [...] apenas a si próprio, assim mesmo em segredo. [...] Eu mesmo só recentemente me decidi lembrar as minhas aventuras passadas e, até hoje, sempre as contornei com alguma inquietação.[33]

Em suma, nós tínhamos sido prevenidos: a segunda parte contém o recalcado da primeira, o que existia antes que o ódio invadisse todo o espaço, antes que ele viesse organizar tudo.

A segunda parte da narrativa tem como título "A Propósito da Neve Molhada". Começa com uma epígrafe, versos de um poema de Nekrassov. Cito-o por extenso, como está na tradução de Boris

---

33 *Memórias do Subsolo*, p. 52-53.

O SUBSOLO

Schnaiderman. Essa epígrafe revela que, depois do encontro com Liza, nada mais pode ser igual, que ela atormentará para sempre o *homem do subsolo* como um espectro e que ela o corroerá como um câncer generalizado. Vejamos o fragmento do poema:

> Quando da treva dos enganos
> Meu verbo cálido e amigo
> Erguei a tua alma caída,
> E, plena de profunda mágoa,
> Amaldiçoaste, de mãos juntas,
> O vício que te envolvera;
> Quando açoitaste com a lembrança
> A consciência que olvida,
> E me fizeste o relato
> De tudo o que houve antes de mim,
> E, de repente, o rosto oculto,
> Repleta de vergonha e horror,
> Tudo desabafaste: um pranto
> De indignação, de comoção...
> (de um poema de N.A. Niekrassov)

Primeiro Capítulo

As peripécias que nos serão narradas datam de vinte anos antes da primeira parte. A personagem tem exatamente 24 anos. Não se sente bem dentro da própria pele, tenta fingir serenidade, sente-se sozinha, é um garoto. Com essa solidão, ela cria um emblema que a distingue, segundo ela mesmo, dos românticos russos, de quem faz uma descrição cheia de desprezo. Quando essa solidão se torna insuportável, a personagem recorre à libertinagem, entendendo-se por isso sexualidade, prostíbulos, prostitutas. Como já mencionei, para as personagens de Dostoiévski, a sexualidade é vivenciada como uma ameaça. Para o *homem do subsolo*, a libertinagem era praticada:

de noite, às ocultas, de modo assustado, sujo, imbuído da vergonha que não me deixava nos momentos mais asquerosos, e que até chegava, nesses momentos, à maldição.

Achei esse fim da frase tão incrível que fui olhar em todas as traduções disponíveis; é isso mesmo. A sexualidade lhe dá vergonha:

24 OS ENSINAMENTOS DA LOUCURA

uma escura, subterrânea e repelente... não digo devassidão, mas devassidãozinha [...]

Ela é mesmo o sinal – e isso é muito interessante – de que:

eu já trazia na alma o subsolo[34].

Foi depois de uma noite de *libertinagem* que ele conheceu o tenente que o obcecará durante dois anos. Ao passar diante de um pequeno restaurante, ele assiste através das janelas "uma luta com tacos de bilhar"[35]. Um homem é jogado para fora, pela janela, mais exatamente. Ele tem tanta inveja daquele homem que é tomado pelo desejo de também ser surrado e jogado pela janela. Entra. Estava em pé junto ao bilhar:

Eu estava em pé junto à mesa de bilhar, estorvava a passagem por inadvertência, e ele [um oficial] precisou passar; tomou-me então pelos ombros e, silenciosamente, sem qualquer aviso prévio ou explicação, tirou-me do lugar em que estava, colocou-me em outro e passou por ali, como se nem sequer me notasse. [...] Fui tratado como uma mosca. [...] Aquele oficial era bem alto, e eu sou um homem baixinho, fraco![36]

Para mim, como leitor, a personagem busca no oficial uma punição que possa acalmar sua culpa depois da noite de *libertinagem*, culpa de ter sexualidade. Mas ela se considera indigna de receber a punição merecida, a tal ponto se acha ridícula. Portanto, ela só pensará em uma coisa: tornar-se digna de um confronto com seu amado, um duelo, no mínimo um choque entre os dois corpos na rua – para o qual, sem saber, ela se prepara como um noivo. Primeiramente, ao pensar no duelo, ela redige uma carta. Ao lê-la, o oficial teria corrido à sua casa

para se atirar ao meu pescoço e oferecer a sua amizade. E como seria bom! Viveríamos tão bem, como amigos! Tão bem! Ele me defenderia com a imponência de sua posição; eu o tornaria mais nobre com a minha cultura, bem... com as ideias também, e muita coisa poderia acontecer![37]

---

34 Ibidem, p. 61 e 62.
35 Por conta do que vem em seguida, a forma fálica dos tacos de bilhar deve ser destacada.
36 F. Dostoiévski, B. Schnaiderman (trad.), op. cit., p. 62-63.
37 Ibidem, p. 65.

No fim, ela não envia a carta e prepara-se para o choque dos corpos. Mas para isso, antes de tudo, ela precisa cuidar do seu traje. Compra um chapéu, luvas pretas, prepara

uma camisa com abotoaduras brancas de osso.

E, graças a um empréstimo tomado ao chefe, troca a gola do

capote por uma de castor[38].

Imagina a cena:

"Está claro que não devo propriamente dar-lhe um empurrão", pensava, de antemão mais bondoso, mais alegre, "mas simplesmente não ceder caminho, chocar-me com ele, não de modo muito doloroso, mas apenas ombro a ombro, na exata medida que a decência permitir".[39]

E chega o grande momento:

franziu o sobrolho e… "chocamo-nos com força ombro a ombro! Não cedi nem um *vierschók* e passei por ele, absolutamente de igual para igual. Ele não se voltou sequer e fingiu não ter visto nada; mas apenas fingiu, estou certo. Guardo essa convicção até hoje! Está claro que sofri o golpe mais violento; ele era mais forte […] Meu estado era de arrebatamento. Triunfara, e ia cantando árias italianas"[40].

10. MUDANÇAS DE HUMOR

Eu, como leitor, fico espantado com as repentinas mudanças de humor da personagem. O *homem do subsolo* detesta seus colegas de escritório, mas vai jogar cartas com eles, sufoca de raiva e diz coisas amáveis etc. Nisso se pode reconhecer a coexistência dos contrários, um Eu inconsistente, vulnerável à proximidade excessiva dos processos primários. Mas o que me interessa especialmente compreender é a qualidade dessa tensão que faz com que ele esteja continuamente entediado, irritado, mutável, agitado,

38   Ibidem, p. 68.
39   Ibidem, p. 67.
40   Ibidem, p. 69-70.

26 OS ENSINAMENTOS DA LOUCURA

"quase louco". Esse tipo de tensão é encontrado em quase todas as personagens masculinas de Dostoiévski. Como é indicado de maneira insistente que o *homem do subsolo* dorme pouco, mal, às vezes simplesmente não dorme durante várias noites seguidas, acredito que a qualidade dessa tensão seja aquilo que se sente durante a insônia. Tensões de insônia: ao mesmo tempo, fadiga e impossibilidade de relaxar, desespero provocado por essa combinação; ao mesmo tempo, impossibilidade de dormir e necessidade de fazer alguma coisa: arrumar a estante, limpar a cozinha, passar aspirador, ter alucinações, matar uma velha ou a própria esposa, montar teorias sobre o suicídio, suicidar-se.

Já lembramos como o *homem do subsolo* vive a sexualidade. Outra escapatória para a solidão é o devaneio desenfreado. O *homem do subsolo* pode passar meses devaneando. Ele observa:

> Eu tinha momentos de tal plenitude, de felicidade tal, que, juro por Deus, não havia em mim a menor zombaria. O que havia era fé, esperança, caridade, amor [...] Quanto amor, meus senhores, quanto amor me acontecia padecer nesses meus devaneios [...] embora fosse um amor fantástico, que jamais convidava efetivamente para algo humano, tão abundante era ele que, depois, nem se sentia já, sequer, necessidade de aplicá-lo: seria um luxo demasiado.[41]

Em suma, como os adolescentes, ele não quer contrariar a perfeição da trama fantasiosa, tentando fazê-la passar para a realidade. Aliás, tal como o adolescente, ele se sonha como herói, salvador do mundo e, por isso, amado por todos. Mas, ao cabo de certo tempo, o devaneio puro o cansa. Então ele procura o chefe, que o recebe às terças-feiras, e ele fica mudo como uma porta, e se entedia e volta para casa, contente de ter escapado da realidade, forçosamente medíocre[42]. Como essa necessidade de outrem lhe ocorre em uma quinta-feira, dia em que seu chefe não o recebe, ele se dirige a Símonov, seu colega de classe que ele não via fazia um ano. (Segunda parte, Capítulo II)

Em casa de Símonov, encontra dois outros ex-colegas de escola que ele detesta. Assim como detesta aquele a quem eles oferecerão um jantar no dia seguinte. No entanto, de maneira

---

41 *Memórias do Subsolo*, p. 70, 71 e 72.
42 Lembrete: é após uma noite tediosa passada na casa do chefe que o *homem ridículo* decide suicidar-se.

O SUBSOLO

completamente incongruente, ele se propõe fazer parte do grupo. Por quê? Por generosidade, diz ele. Seus ex-condiscípulos o farão notar a incongruência de sua proposta. Trabalho perdido, ele se enreda em seu projeto, defende-o contra toda e qualquer lógica. Portanto, compromete-se, em uma situação completamente absurda que, ademais, lhe custará um dinheiro que ele não tem.

A cena é penosa, sentimos que a personagem afunda em uma trama inextricável, sem nenhuma relação com os elementos de realidade que ele nos dá. Ao voltar para casa, ele rememora:

Passei imediatamente a odiá-los [desde o início de minha escolaridade] e me encerrei, fugindo a todos, num assustado, ferido e imensurável orgulho [...] Já então a mesquinhez do pensamento deles e a estupidez de suas ocupações, jogos e conversas, me deixaram perplexo. [...] Riam cruel e vergonhosamente de tudo o que era justo, humilhado e oprimido. Confundiam um posto elevado com inteligência e, aos dezesseis anos, já discutiam possíveis sinecuras.[43]

Quanto ao colega da festa, a quem *o homem do subsolo* se associa absurdamente, pinta o retrato de um sujeito realmente sórdido:

disse de repente que não deixaria de se ocupar de todas as moças camponesas de sua aldeia, que isto era "droit de seigneur"* e que, se os mujiques se atrevessem a protestar haveria de espancá-los e impor-lhes, àqueles canalhas barbudos, uma corveia dupla[44].

Então, por que se ter convidado a participar de uma noitada com gente que ele detesta e que é detestável? Por generosidade. Mais precisamente,

Pareceu-lhe que, propondo-se assim, bruscamente, o efeito seria ótimo, e que eles seriam vencidos por (sua) generosidade e (o) olhariam com admiração.[45]

Em suma, ele quer ser amado *por todos*, "vencê-los, triunfar, encantá-los".

---

43 *Memórias do Subsolo*, p. 81-82.
* Em francês, no original. [N. da T.]
44 Ibidem, cap. III, p. 76-77.
45 *Notes du sous-sol*, cap. III.

11. O RIDÍCULO

Pode-se dizer que já na época dos fatos que nos conta na segunda parte da narrativa (ele tem 24 anos, portanto), aquele que se tornará o *homem do subsolo* está isolado do mundo, ignora códigos sociais e... é incapaz de se encolerizar. A cólera resvala rapidamente para o ódio, e, como naquela época o ódio ainda não está integrado no Eu, sua emergência deve ser maquiada com artifícios grosseiros, formações reativas absurdas e inadequadas. É essa inadequação que o torna ridículo. O ridículo prende-se sempre ao fracasso da camuflagem. Esse fracasso deixa evidentes os afetos que ele quer abafar. Essa desarmonia contribui também para os sentimentos penosos associados ao sentimento do ridículo: a desarmonia revela como o sujeito está inapto para manejar o conflito, como o conflito ou o sobrecarrega, ou o submerge, ou o paralisa.

Ainda no terceiro capítulo da segunda parte, ficamos sabendo de algumas particularidades que nos ajudarão a compreender a atitude da personagem em relação a Liza. O homem do subsolo fala de um verdadeiro amigo que teve no tempo da escola:

> Mas, no íntimo, eu já era um déspota, e quis ter um domínio ilimitado sobre a sua alma [...] Assustei-o com a minha apaixonada amizade; fazia-o chegar às lágrimas, às convulsões; ele era uma alma ingênua, que se entregava; mas, quando se entregou a mim de todo, passei imediatamente a odiá-lo e repeli-lo.[46]

Voltarei a essas observações.

A narração prossegue com a catástrofe, a carnificina narcísica, o automassacre do corpo psíquico. Nós o havíamos deixado na exaltação de seus devaneios, em que ele triunfaria, encantaria, seria amado. Atualmente, ainda exaltado, ele também encontrou a tensão insone de uma noite mal dormida. Exaltado, tenso, agitado, afogado por imagens megalomaníacas incapazes de fornecer uma solução sintomática satisfatória para o desespero que morde, aquele que se tornará o *homem do subsolo* está aqui no auge do seu sofrimento. Malvestido,

---

46 *Memórias do Subsolo*, p. 83.

temeroso e perseguido, grosseiramente arrogante, portanto ridículo, ele é uma figura sentimental da miséria humana. A inflação de poses que ele assume para dar a impressão de tranquilidade e sua maneira de apreciar todas as suas extra-vagâncias, como resposta sensata às situações absurdas que ele inventa para si, fazem dele um parente próximo de Dom Quixote. (Capítulos IV e V)[47]

Estamos aqui diante de uma demonstração do notável senso clínico de Dostoiévski. Sua apresentação precisa e meti-culosa do desabamento daquilo que resta de autoestima de um jovem doentio explica o quê vem depois, o surgimento do *homem do subsolo, no qual o ódio será a saída para a catástrofe narcísica, e a perversão, a muralha contra a derrocada psicótica.*

Dostoiévski nos ensina que, quando há uma *pane de ima-ginação* para construir uma vida, o que predomina é a invasão do mundo interior por *imagens*. O uso da imaginação para a construção de um mundo, segundo Freud, chama-se Ideal do Eu. Se, como ocorre no *homem do subsolo*, essa instância não entra em ação, o que ocupa seu lugar é o desfile improdutivo de imagens do Eu Ideal. Como fazer clinicamente a distinção entre Ideal do Eu e o Eu Ideal? Quando uma criança diz que, quando crescer, quer ser super-homem, está falando do Eu Ideal. Se disser que será professora de ginástica, isso indicará que a instância Ideal do Eu já está instalada. O Ideal do Eu convoca uma lei comum, é um apelo ao simbólico. O Eu Ideal pode situar-se no registro do devaneio, em que encontramos pontes com o Ideal do Eu. Mas o Eu Ideal pode limitar-se ao devaneio desenfreado, sem controle, à embriaguez narcísica sem referência ao outro. Tal como em Cervantes, Dostoiévski apresenta aqui caricaturas do Eu Ideal. Contudo, em Dom Qui-xote, ao contrário do *homem do subsolo*, o Eu Ideal é sempre remetido a um Ideal: Dulcineia. As batalhas de Dom Quixote têm a verdade como implicação; o *homem do subsolo* debate-se para sobreviver. Dom Quixote está preocupado com seu lugar no mundo; o *homem do subsolo* tenta encontrar uma base, um ponto de apoio, em seu próprio mundo psíquico. O ridículo de Dom Quixote nos tranquiliza e humaniza, ao passo que o

---

47 Por certos aspectos, também a Goliádkin, protagonista da novela *O Duplo*, sobre a qual refletiremos mais adiante.

do *homem do subsolo* nos entristece, angustia e aterroriza. Os fiascos das extravagâncias de Quixote revelam-nos o mundo e reafirmam sua luta para existir; os fracassos do *homem do subsolo* descortinam uma cena de destruição infernal sem saída. Quixote está na exuberância maníaca que convoca o outro, Sancho Pança e Dulcineia, como testemunhas de seu combate; o combate do *homem do subsolo* é de uma guerra estéril contra um Supereu perseguidor em uma paisagem na qual não há ninguém:

> – Não passas de um covarde! – ressoou algo em minha cabeça – se tiveres coragem de rir disso agora.
> – Azar! – gritei em resposta a mim mesmo. Agora tudo está perdido![48]

Em Dom Quixote, trata-se de uma tentativa de tapa-buraco narcísico para escapar à catástrofe traumática; naquele que se tornará o *homem do subsolo*, trata-se de uma erotização do trauma para não soçobrar na apatia.

Ao longo desses dois capítulos, Dostoiévski faz a apresentação clínica do modo como o jovem doentio se convida para uma festa masoquista. Como essa festa é insuportável para seu Eu, ele é obrigado a encontrar outra destinação para seu ódio, destinação cujo resultado será o *homem do subsolo*. Será então possível dizer que o *homem do subsolo*, em vez de erotizar o ódio, gozando de um masoquismo moral, tal como o jovem doentio, vai dirigi-lo contra outrem? Será possível afirmar que a partir daí seu gozo será o assassinato? Sim e não. O masoquismo é uma questão clínica muito complexa. Basta retornar à primeira parte da narrativa para constatar que, vinte anos depois, ainda há retornos do ódio contra si mesmo. François Perrier, psicanalista francês, fala, em algum lugar, da subjetivação do ódio. Para ele essa expressão deve explicar o trabalho de apropriação do ódio por um sujeito. Acredito que essa expressão possa ser também aplicada à inutilidade das ruminações às quais um sujeito pode se entregar. Eu diria, pessoalmente, subjetivação impossível do ódio. Porque subjetivação pressupõe existência de um sujeito. Ora, quando há ódio, a existência de um sujeito é, no mínimo, muito problemática.

---

48 *Notes du sous-sol*, p. 105.

12. EXPERIÊNCIA DO ASSASSINATO

Quando chega ao prostíbulo, o *homem do subsolo* está em uma cena de assassinato. Matar ou ser morto, duelo, roupas encharcadas de neve, agitação extrema, rosto repugnante. É desse modo que ele encontra Liza, que é prostituta, no próprio aposento onde pensava em acertar as contas com os antigos colegas.

Duas horas depois, durante as quais ele não trocara uma única palavra com a mulher que está em sua cama, ou seja, Liza, ele sai do torpor. Vê

com vivacidade a ideia absurda, repugnante como uma aranha, da devassidão que, sem amor, grosseira e desavergonhadamente, começa direto por aquilo com que o verdadeiro amor é coroado[49].

Tem a desagradável sensação de penetrar

em um subsolo úmido e abafado[50].

Encontramos aí a repugnância que Dostoiévski sente pela sexualidade, mais precisamente pelo sexo da mulher, e é notável que a essa repugnância esteja associado aquilo pelo que ele se definirá vinte anos depois: o subsolo. (Notemos também que Stravóguin, em *Os Demônios*, vê uma aranha no momento em que a menina vai suicidar-se.)

Quando começa seu diálogo com Liza, apaga-se a luz que iluminava debilmente o quarto. Portanto, estão no escuro. No escuro de um subsolo? Ou melhor, no escuro de um túmulo, de onde o *homem do subsolo* fala do cadáver com o qual quer que Liza se identifique, o cadáver de uma prostituta. Para isso, ele usará de todo tato possível, começará por se apresentar como semelhante a Liza:

mas eu talvez seja pior que você[51].

Ele diz isso a fim de obter sua adesão àquilo que está dizendo. Na verdade, ele tenta *tocar a corda sensível*, quer seu

---

49 *Memórias do Subsolo*, p. 103.
50 Ibidem.
51 Ibidem, p. 138.

segredo e, para isso, recorre à verdade. A verdade aí não é uma ponte para o encontro. Aqui a verdade não passa de ingrediente de uma atitude de sedução para subjugar, para, como diz ele, *vencer as resistências de uma alma tão jovem.*

Mas por que toda essa manobra, por que o gasto de tanta energia? Porque aos 24 anos aquele que se tornará depois o *homem do subsolo* ainda não está engolfado no ódio. Sempre capaz de tédio e angústia, que o invadem, para se livrar disso ele deve depositá-los em outra pessoa: Liza, no caso.

Eis a característica que marca o procedimento perverso: fazer o outro arcar com sua angústia. O esforço para tornar o outro louco é o modo como o perverso se obstina em mergulhar o próximo no desespero que ele nega e rejeita. O psicótico é o reservatório de tal detrito.

As defesas de Liza não são muito sólidas. Logo surge uma pergunta: "e que espécie de moça sou eu?", sussurra ela.

O *homem do subsolo* constata sua própria vantagem – não se deve esquecer que se trata de uma conduta de cerco que tem em vista o domínio sobre o outro. Para ampliar essa vantagem ele recorrerá à identificação, contará sua infância de criança abandonada. Cabe admitir que o negócio proposto é sedutor: substituir a identificação com o cadáver pela identificação de uma criança abandonada. Para tanto, ele propõe uma ponte, prodigiosa em inteligência e sutileza clínica: aquilo que, desde Freud, conhecemos como Édipo feminino. Ora, ao fazer a descrição de um pai amoroso, evidentemente ele se propõe para esse posto. E Liza, comovida, entrega seu segredo: ela foi vendida pelo pai.

13. O PERVERSO E SEU DISCURSO

Façamos algumas observações clínicas. Comecemos pelo fim. Eu dizia que o *homem do subsolo* se propõe em lugar de um pai amoroso. Ora, isso nunca é dito – explicitamente. Cabe notar, portanto, que o perverso sabe manejar maravilhosamente bem os efeitos discursivos. Nada é dito de maneira clara – portanto, ele não pode ser considerado responsável por nenhuma promessa feita –, mas uma mensagem foi transmitida, seus efeitos são esperados.

Também interessante é a informação de que ele fora uma criança abandonada. Pode-se encontrar aí o crisol do ódio que toma conta dele. Esse abandono é reencenado por ele em sua relação com os antigos colegas de classe, em sua maneira de se excluir do mundo, de se fechar no subsolo, de se infligir de novo, ativamente, o trauma da infância. Os psicanalistas reconhecem nessa repetição a cultura daquilo que eles chamam de pulsão de morte, cujo sinal é essa maneira que o sujeito tem de se encontrar regular e repetidamente em uma situação penosa, traumática, que ele já vivenciou. Por que essa repetição daquilo que não se deseja? Porque isso constitui o inconsciente: *um sofrimento, enquanto não tiver sido reconhecido e nomeado, se reapresentará ao sujeito, se rememorará a sua lembrança.* Lacan propôs uma formulação para esse retorno do indesejável: *o que não é simbolizado retorna no real.* Evidentemente, o mais difícil é ajudar quem está nessa situação a se reconhecer como artífice dessa repetição!

Conhecendo-se o que ocorre entre ele e Liza no fim, constata-se que o *homem do subsolo* faz a Liza aquilo que lhe fizeram. Às vezes na relação entre um paciente e seu analista as coisas também ocorrem dessa maneira: o paciente faz o terapeuta sentir as emoções e os sentimentos que ele sentiu durante a infância, mas que na época não pôde formular nem dizer. Por isso inflige ao terapeuta a mesma violência psíquica de que foi alvo. Ao fazer isso, obriga o terapeuta que foi posto à prova a emitir pela primeira vez palavras sobre uma experiência até então inominada ou inominável. Essa operação é, eminentemente, uma operação inconsciente – cuja experiência geralmente é muito penosa para os dois protagonistas. Exemplo extraordinário dessa troca inconsciente e enigmática: no âmbito de um trabalho de psicodrama para adolescentes realizados em um hospital psiquiátrico, os enfermeiros que participavam das sessões como atores terapeutas não poderiam conhecer os pais dos jovens. Ora, depois de algumas sessões, o responsável, que conhecia os pais dos jovens, observava nos enfermeiros gestos e entonações idênticos aos gestos e entonações daqueles que eles nunca tinham conhecido. Os psicanalistas chamam essa experiência de *identificação projetiva.*

Voltemos ao texto dostoievskiano. Agora que Liza renunciou a seu segredo, o *homem do subsolo* empenha-se em lhe apresentar o mundo do amor, do qual ele se faz arauto, cuja possibilidade ele anuncia, e para o qual convoca a criança amada e feliz. Ela está emocionada, sente-se adivinhada, mas ele não percebe, acredita que ela está zombando dele. Para se vingar, ele muda de abordagem. Volta ao cadáver, ou melhor, a um tempo anterior ao cadáver, ao tempo do detrito, do ignóbil que constitui a sexualidade. Sexualidade que impede o amor, que faz dela uma cadela que vem correndo quando se assobia, uma escrava.

Depois do detrito, logo antes do cadáver, o tempo da loucura – lembremos que eles continuam na escuridão absoluta. A jovem que ela é se tornará um andrajo, figuras do inferno dantesco que ao mesmo tempo repugnam e fascinam, que convidam à identificação.

Aqui também se pode admirar o senso clínico de Dostoiévski, na descrição da atitude perversa de sua personagem, que deixa de lado a informação trágica que conhece – de que Liza foi vendida pelo pai a uma cafetina – e faz dela a única responsável pelo que lhe acontece. Culpada pela vida que leva, por estar lançada para fora do mundo, culpada do fim sórdido anunciado, culpada de ser um detrito, depois uma louca, depois um andrajo. Culpada, finalmente, de ser aquele cadáver.

> No túmulo, haverá lamaceira, sujeira, neve molhada: para que fazer cerimônia com alguém como você?[52]

O objetivo está atingido, a jovem está em frangalhos:

> Mas, tendo alcançado o efeito desejado, assustei-me de repente. Não, nunca, nunca eu fora testemunha de tamanho desespero! [...] Em dado momento, apalpei uma caixa de fósforos e o castiçal [...] Mal a luz se espalhou pelo quarto, Liza ergueu-se de um salto, sentou-se e, com o rosto um tanto contraído e um sorriso meio demente, olhou me de modo quase inexpressivo.[53]

Ela se lança na direção dele, quer abraçá-lo, não ousa. Ele lhe dá seu endereço, pede-lhe que vá lá, ela afirma que irá:

---

52 *Memórias do Subsolo*, p. 118.
53 Ibidem, p. 119.

O SUBSOLO

Agora, tinha um olhar súplice, suave e, ao mesmo tempo, confiante, carinhoso, tímido. Assim olham as crianças para aqueles a quem muito amam e a quem pedem algo. Tinha os olhos castanhos claros, uns olhos lindos, vivos, que sabiam refletir em si tanto amor como ódio sombrio.[54]

O pior, portanto, pode ocorrer.

14. O PIOR

É aqui que dispomos do notável ensaio feito por Leslie Kaplan sobre esse texto. Familiarizada com a psicanálise, ela demonstra a universalidade da personagem, toca nos aspectos defensivos e formula em que consiste a experiência do assassinato: a traição de uma promessa feita à criança. Formulação que pode ser aplicada ao trauma em geral, visto que todo trauma remete à traição por parte daqueles que são amados, daqueles em quem se depositou toda a confiança com a generosidade que acompanha a infância.

O assassinato – demonstra Leslie Kaplan[55] – é a travessia de um limite, de um limiar, para além do qual tudo tomba, e nos tornamos "como Macbeth, uma 'walking shadow', uma sombra ambulante. O assassinato tem em vista o aniquilamento do outro, mas como é o outro que é o suporte da palavra, sem destinatário a palavra se perde, se dilui, 'se esgarça'". E mais adiante: "explorar até o fim a palavra, reconhecer que ela está desde sempre destinada, atravessada por outra palavra, e sustentá-la: sem isso são apenas 'fórmulas', novas e sempre tão velhas maneiras de encerrar o outro, de matá-lo".

Para terminar, gostaria de voltar aos aspectos mais imaginários. Gostaria de notar, em primeiro lugar, que Dostoiévski dá todas as chances a sua personagem, o *homem do subsolo*. Apresenta-o a Liza em toda a amplidão de sua fraqueza. Certamente, por isso ela é capaz de adivinhar que o ódio nele organiza uma defesa que protege de um desamparo infinito, desamparo da criança abandonada que ele foi. A atitude de

---

54 Ibidem, p. 120.
55 L'Expérience du meurtre, op. cit. Ensaio retomado em L. Kaplan, op. cit.

Liza, ao tomar nos braços o *homem do subsolo*, tal como se segura uma criança, depois de ter sido sadicamente agredida por ele, é um exemplo impressionante da precisão clínica de Dostoiévski. Em outros termos, somos obrigados a constatar que não há apenas todas as condições de um encontro, mas que *há um encontro*. Então, por que esse encontro não desloca nada no *homem do subsolo*, por que não abre um novo campo de possibilidades?

O último capítulo da narrativa contém algumas respostas a essa pergunta. A primeira é do ponto de vista do ódio:

> Ela adivinhara que o arroubo da minha paixão [ele acaba de ter feito amor com Liza] fora justamente uma vingança, uma nova humilhação, e que ao meu ódio de antes, quase sem objeto, se acrescentara já um ódio *pessoal, invejoso*, um ódio por ela...[56]

Acredito que essa resposta diz respeito à dinâmica da relação e, mais precisamente, a seu aspecto psicopatológico. Cabe notar, de passagem, que a sexualidade é ainda apresentada aqui como coisa ruim em si, a maior humilhação infligida.

A segunda resposta interessa-me mais. Ela esclarece a autorrepresentação da personagem: incapaz de amar. Para *o homem do subsolo*, amar é tiranizar o outro. Mas, como ocorre com frequência nas personagens de Dostoiévski, seu conhecimento do inconsciente é de uma acuidade impressionante. Ele observará

> que era inverossímil não passar a amá-la ou, pelo menos, não avaliar aquele amor[57].

E, para concluir:

> *Eu estava desacostumado da vida viva* [...] Dava-me apenas um sentimento insuportavelmente penoso o fato de que ela estivesse ali. [...] Queria "tranquilidade", ficar sozinho no subsolo. A "vida viva", por falta de hábito, comprimira-me tanto que era até difícil respirar.[58]

---

56 *Memórias do Subsolo*, p. 141. Grifado no original.
57 Ibidem, p. 142.
58 Ibidem. Grifo nosso.

Essas últimas observações, por sua sinceridade brutal, iluminam de outro modo a personagem. Compreende-se que o *homem do subsolo* é a figura extrema de certa produção da cultura de pulsão de morte. Realmente, na maior parte do tempo, nos *homens do subsolo* que encontramos habitualmente, o ódio não é organizador da relação com o mundo. Embora constitua o tecido sensível do sujeito, ele tem um regime de funcionamento menos ruidoso, mais abafado. O silenciamento do ódio tem uma consequência imediata: a enorme dificuldade de reconhecer a dimensão perversa da relação, dimensão que, frequentemente, é ignorada pelo próprio sujeito. Esses sujeitos podem ser, socialmente, pessoas admiráveis. Seu modo de tiranizar os objetos engendra grandes ideólogos, cientistas rigorosos, funcionários conscienciosos. O controle minucioso ou mesmo o perfeccionismo – sem o que eles correm o risco de implodir – possibilita exercer uma liderança em tudo o que exija trabalho de equipe. A grande distância que eles têm em relação a tudo faz deles pessoas agradáveis, aparentemente tranquilas e desapegadas, cuja ironia sarcástica é confundida com humor.

Somente o cotidiano da intimidade revelará os impotentes psíquicos que eles são, invejosos de toda vida viva, indiferentes, insensíveis. Incapazes de qualquer generosidade, autocentrados e avarentos de qualquer investimento que não lhes diga respeito. No dia a dia ficarão evidentes sua apatia, sua incapacidade de qualquer iniciativa, sua falta de imaginação crônica. Toda energia é posta a serviço da manutenção de uma economia narcísica muito frágil. Assim, toda demanda é vivenciada como uma ameaça; um desejo em relação ao outro ou qualquer sinal de desejo no outro são vivenciados como violência. Essa economia narcísica de sobrevivência gera uma prática de destruição, na qual o assassinato psíquico é um expediente defensivo, uma estratégia para evitar encontros – qualquer encontro provoca o sangramento de uma velha ferida de amor-próprio. Essa prática de destruição transformará também qualquer sofrimento em dor moral – modo de excluir definitivamente o outro como causa de um sentimento qualquer, e de fechar de antemão qualquer evento, qualquer novidade, no já conhecido de uma ruminação. Essa ruminação reduz a temporalidade apenas aos avatares de uma subjetividade monstruosa, que se deseja insensível às circunstâncias, impermeável à mudança, sempre idêntica a si mesma.

O surgimento dessa monstruosidade no real de uma relação amorosa ou no real da transferência deixa a testemunha estupefata, como diante de uma alucinação. A estupefação é efeito da irrupção, na cena relacional, da conjugação de dois impensados que insistiam desde sempre: a loucura e a perversão, sendo esta a mala na qual aquela está encerrada.

Crime e Castigo

1. RASKÓLNIKOV

Wood Allen escreveu em algum lugar: "se Deus existir, precisará ter uma boa desculpa". Essa frase tem por trás de si mais de um século e meio de trabalho de pensamento na instituição da cultura. É por esse ângulo que começarei a abordar o romance com o qual trabalharemos agora.

O *homem do subsolo*, enterrado no fundo de sua solidão, lança um desafio demente ao outro. Incapaz de amar e, por isso, maldoso e doente, ele quer provar – em primeiro lugar a si mesmo – que não precisa de ninguém, que seu ódio lhe basta para viver. O outro é convocado na forma de interlocutor impossível, para que ele fale de seu desinteresse pela existência, para que ele lhe conte seu crime, o assassinato de Liza. A palavra do *homem do subsolo* não tem destinatário. Apesar disso, para desenrolar seu pensamento, ele precisa da presença do outro na posição de espectador impotente. A tensão que essa presença provoca lhe é necessária; dela ele extrai energia para afirmar febrilmente a inutilidade dessa presença. Donde o caráter estéril, repetitivo, vertiginoso, infinito, trágico de sua fala. O que o torna uma personagem trágica é, como diz Leslie

40   OS ENSINAMENTOS DA LOUCURA

Kaplan, o fato de ele querer prescindir do outro para pensar, mas como "é o outro o suporte de sua palavra, sem destinatário a palavra se perde, se dilui, se esgarça"[1].

Com Raskólnikov a tragédia muda de figura. Com ele, Dostoiévski inaugura a série de personagens trágicas que vão ocupá-lo até o fim da vida. Já não se trata de convocar o outro para negar a própria existência, mas de responder a uma pergunta: se Deus não existe, como viver? E aos corolários dessa pergunta: se Deus não existe, que referente garante a realidade da vida e do pensamento? Se Deus não existe, o que é da lei?

Por mais que tenha sido feita há mais de um século e meio por Dostoiévski, essa pergunta está longe de ser um dado comum para o pensamento. O retorno do religioso, com o importante lugar ocupado pelos fundamentalismos, demonstra sua urgente atualidade.

Uma coisa é certa: se Deus não existe, o outro ocupa todo o seu espaço. Mas é preciso agora definir esse espaço, identificar sua interação com o mundo e conosco – principalmente porque, já não havendo mais Deus para garantir esse espaço, este depende, portanto, absolutamente do real do encontro. Se Deus não existe, então cabe à comunidade dos humanos a garantia precária e mutável do sentido de nossa existência. Essa precariedade é fonte de angústia. Um complicador: a existência de uma comunidade sem Deus pressupõe que ela seja constituída por um conjunto de singularidades, no qual cada um reconheça a diferença dos outros como um operador de pensamento e como um suporte do desejo.

Raskólnikov é precursor de todos nós nessa aventura de caminhar sem Deus na angústia e no desejo. Absolutamente só quando o encontramos pela primeira vez, ele só quer prestar contas a si mesmo. Isso implica uma *mudança no quadro de pensamento*[2]. Para perceber o que isso implica, reflita-se no trabalho de pensar fora de um quadro de saber constituído, seja ele filosófico, acadêmico, médico... ou psicanalítico. Depois, imagine-se um mundo no qual a religião seja um referente obrigatório, inevitável; um mundo onde ela é o quadro de todo

---

1   L'Expérience du meurtre, *Les Outils*, Paris: POL, 2003.
2   Cf. Loup Verlet, *La Malle de Newton*, Paris: Gallimard, 1993 (col. Bibliothèques des sciences humaines).

CRIME E CASTIGO

e qualquer pensamento, o único quadro ideológico que, exatamente por isso, não pode ser reconhecido – o olhar que perscruta, busca, julga ou contempla não vê o olho que explora.

Marcel Gauchet, em *Désenchantement du monde*, observa que, "para avaliar a novidade de nosso presente é preciso dar a volta pela religião, chave de todo o nosso passado"[3]. Todas as sociedades "primitivas" vivem sob o domínio da religião. Essa universalidade primeira do fenômeno religioso deve-se, provavelmente, às condições de existência e sobrevivência das sociedades sem Estado. "A coesão dessas sociedades deve ser estabelecida e mantida por mecanismos que escapam à intervenção ativa de seus membros".[4] Ora, na sociedade da Rússia czarista, onde viviam Dostoiévski e Raskólnikov, a religião ainda desempenhava papel essencial. Um início de capitalismo – fim da servidão – e uma ligeira atenuação da censura são causas de grandes subversões sociais. Nessas circunstâncias, é compreensível que o poder se agarre ao quadro religioso para nele encontrar coerência no momento da introdução das novas instituições. É compreensível também, pois, visto que a ordem social oscila, o corpo social precisa vigorosamente da religião como cimento da coesão entre seus membros.

Loup Verlet observa em seu livro que a transformação do quadro de pensamento esbarra em uma enorme dificuldade. Quando o antigo quadro se tornou vacilante e o novo ainda não sobreveio, o "fundador" – e Raskólnikov é um fundador – encontra-se em um entremeio muito desconfortável. Como pensar essas condições?

A fundação de um novo quadro de pensamento é uma experiência amedrontadora para o fundador. Para fazer entender esse pavor, proporei o termo *percurso*. Esse percurso é o tempo que vai entre o momento em que o sujeito começa a abandonar um quadro de pensamento e o momento em que um novo conjunto de referências se constitui. Para dar conta desse percurso, Loup Verlet propõe as noções de travessia e de paradoxo. Quem assume o risco psíquico de atravessar os limites dados por um quadro de pensamento e aventurar-se no impensado envereda em um paradoxo. Justamente porque essa travessia pressupõe

3 Apud L. Verlet, op. cit.
4 Ibidem.

"a suspensão mais ou menos marcada das premissas epistemológicas *do quadro que ele ultrapassa, ao mesmo tempo que* se apoia *naquilo que ainda não existe*"[5]. Ora, essa constelação, própria a qualquer pensamento criador, é uma situação psíquica com riscos, uma situação psíquica-limite. Nessas situações, o sujeito haure sua energia na desmesura de seu desejo. E ele precisa de muita energia *para tudo* o que está em vias de criar: um novo quadro de pensamento para um novo sujeito. Mas, durante todo esse percurso incerto de criação, é permanente o perigo de resvalar definitivamente para a loucura[6].

Com Raskólnikov, Dostoiévski anuncia a tragédia que será o fundamento da modernidade: o pavor que consiste em recusar o quadro de pensamento no qual Deus é fiador, para encontrar em si, para além da angústia, aquilo que autentifica o desejo e a vida viva.

Entre os gregos da Antiguidade, a tragédia consiste em se rebelar contra o destino escrito pelos deuses. Nesse sentido, o resultado só podia ser catastrófico. O interesse se concentra no modo singular pelo qual o herói se empenha nesse confronto impossível, confronto que marca a sua humanidade.

Com Dostoiévski a rebelião foi substituída pela angústia e pelo desconhecido. A singularidade se manifesta tendo o nada como pano de fundo, a moral cede lugar à exigência de verdade, a preocupação ética substitui o conforto dado pela coesão do grupo. As grandes personagens dostoievskianas, que *Crime e Castigo* inaugura com Raskólnikov, sempre serão *arquétipos* das respostas possíveis a essa situação-limite em que o sujeito, expondo-se ao risco da loucura, é obrigado a inventar *tudo* de uma vida em que o céu está vazio de promessas. E a morte é o limite.

A tragédia grega começa quando o cidadão se apropria do mito para julgar a desmesura e as transgressões do herói. O coro representa os cidadãos hesitantes e ambivalentes entre as razões do herói e as dos deuses. No fim, é sempre do lado dos deuses que pende a balança; o tempo dos homens, no qual domina o

---

5   Grifo nosso. Ver minha exposição sobre essa questão do quadro de pensamento em meu livro *Cartas a uma Jovem Psicanalista* (São Paulo: Perspectiva, 2011), carta n. 28 ("Loup Verlet: A Cura Psicanalítica é uma Revolução do Quadro de Pensamento").

6   Winnicott diz, em algum lugar, que a saúde psíquica está mais próxima da loucura do que da normalidade!

CRIME E CASTIGO

acaso, não tem grande poder diante do tempo dos deuses. Pierre Vidal-Naquet comenta: "Os mitos sem dúvida também comportam um grande número de transgressões das quais as tragédias se alimentam – incesto, parricídio, matricídio, devoração dos filhos –, mas não comportam em si mesmos nenhuma instância que *julgue* tais atos, como as instâncias criadas pela cidade, como as expressas a seu modo pelo coro [...] Portanto, diante do herói acometido de desmesura, o coro expressa a seu modo a verdade coletiva, a verdade mediana, a verdade da polis."[7]

O herói dostoievskiano não terá o coro como interlocutor, como "regulador" de seus atos. Ele é o único responsável por seu destino diante de sua consciência e, mais precisamente, diante do seu Supereu que, invariavelmente, representa o quadro de pensamento que o herói contesta, e do qual ele quer se separar. Como diz Aristóteles em sua *Política*: "Aquele que não quer viver em comunidade não faz parte de modo algum da cidade e, por conseguinte, é ou uma besta bruta, ou um deus."[8] O herói dostoievskiano é um deus que se tornou besta bruta porque absolutamente humano, somente humano. Tal como um deus, o herói dostoievskiano não conhece o tempo; suas mudanças – quando as há – são sempre e acima de tudo mudanças interiores, consequência do diálogo que ele mantém consigo mesmo. O outro, como eu dizia no começo, ocupa um lugar fundamental nesse diálogo: geralmente um duplo, às vezes radicalmente diferente; o outro põe as contradições ao trabalho, torna ainda mais agudos o sentimento de solidão e a ausência de qualquer recurso – a não ser o da afirmação de seu desejo na ausência de qualquer garantia.

A Personagem e o Tempo

A realidade como tal não tem influência sobre o herói trágico dostoievskiano. O que conta sempre é a interpretação dessa realidade, o sentido que lhe é dado pelo herói – interpretação e sentido frequentemente muito contaminados pelo estado

---

7   Préface, em *Sophocle, Tragédies*, Paris: Folio, 1990, p. 12, 17. Grifo nosso.
8   Apud P. Vidal-Naquet, op. cit.

emocional desse herói em dado momento. Mesmo a biografia da personagem, às vezes determinante (como, por exemplo, em *Os Irmãos Karamázov*), nunca remete a uma temporalidade nem dá as causas do drama vivido. Essas causas são sempre a luta para afirmar um pensamento sem qualquer garantia divina. Desse ponto de vista, a luta travada rompe com tudo o que existia antes e, como é uma luta inédita, nada permite prever seu resultado. O herói trágico dostoievskiano não conhece o tempo linear; ele não se refere a um *antes* e não conhece tampouco um *desenrolar*. Ele está permanentemente insone, suspenso no instante que percorre, permanentemente em crise com tudo, em conflito. É decerto por isso que sempre se lê Dostoiévski como um romance policial: uma crise acarreta e implica um desfecho, uma solução. Só que nesse caso a crise é a figura singular da batalha travada por cada homem para existir em um mundo abandonado por Deus. Figura singular dessa batalha, agora inevitável, cada herói trágico dostoievskiano, separado do tempo e imobilizado *em sua maneira* de viver seu combate para mudar o quadro de pensamento existente, torna-se personagem de um mito no Olimpo da modernidade. É o que se chama, aliás, *a personagem dostoievskiana*.

Entre o momento em que Dostoiévski propõe o projeto de *Crime e Castigo* ao editor e o momento em que fixa a concepção do livro, haverá duas versões do manuscrito. Sua carta-proposta, escrita depois de dois meses de trabalho, apresenta um desenvolvimento da intriga que, *grosso modo*, se encontra na redação definitiva. A personagem principal é descrita como um jovem que se deixou dominar "por certas ideias estranhas e ainda embrionárias que continuam 'no ar'". O crime tem razões altruístas, "fazer a felicidade da mãe" e "libertar a irmã", e sua legitimidade é reivindicada – "se é que se pode chamar crime a eliminação de uma velha surda, burra, maldosa e doente, que nem sabe por que está no mundo e que de qualquer modo morreria provavelmente de causas naturais no mês seguinte"[9].

---

9   Carta enviada por F. Dostoiévski a M.A. Katkov, editor, setembro de 1865. Cf. F. Dostoiévski apud Georges Nivat, Préface, F. Dostoiévski, *Crime et châtiment*, Paris: Folio, 1991, v. 1.

CRIME E CASTIGO

Dostoiévski encontrou rapidamente o nome da personagem. Provém do nome dos velhos-crentes que se separaram da Igreja Oficial em meados do século XVII. Velhos-crentes em russo se diz *raskolniki*, ou seja, cismáticos.

Vários níveis, portanto, estão condensados no nome Raskólnikov. Em primeiro lugar, trata-se de uma separação. Em segundo lugar, de uma separação da Igreja – o que é importante para uma personagem que vai tentar pensar fora do âmbito religioso, sem referência a Deus. Finalmente, a ideia de cisma, de divisão, coerente com a situação da personagem dividida que está entre dois quadros de pensamento.

Segundo Joseph Frank, biógrafo de Dostoiévski, "a verdadeira certidão de nascimento de *Crime e Castigo* remonta ao mês de novembro de 1865, data na qual Dostoiévski renuncia a fazer o narrador falar em primeira pessoa"[10]. Ele ressalta que essa opção formal *vem coroar longos esforços, cujos indícios ele identifica ao longo das primeiras etapas da composição do romance*. Acredito que essa escolha não é apenas formal: um narrador em primeira pessoa é obrigado a falar *a posteriori* dos acontecimentos, o que atenua consideravelmente as possibilidades de ele se espantar e surpreender. De fato, parece improvável que se possa dar conta de um processo de subjetivação do inédito no próprio momento em que se depara com ele. Além disso, a narração na primeira pessoa deve necessariamente propor uma construção; ora, o que interessa Dostoiévski, acima de tudo, é poder apresentar *simultaneamente*, vários níveis de consciência da personagem, vários estados afetivos – que com frequência são contraditórios ou mesmo antinômicos. A coexistência dessa pluralidade de níveis de afetos e compreensão é fundamental para transmitir as dificuldades, os impasses e as soluções encontradas pela personagem para passar (ou não) de um quadro de pensamento a outro.

Eu dizia que Raskólnikov inaugura a série de heróis dostoievskianos que são os únicos responsáveis por seu destino diante de sua consciência e, mais precisamente, diante do Supereu. Supereu que, invariavelmente, representa o quadro de pensamento que o herói contesta, do qual ele quer se separar. Nesse sentido, Raskólnikov é muito diferente do *homem do subsolo*, que

10 Joseph Frank, *Dostoïevski: Les Années miraculeuses, 1865-1871*, Paris: Solin/ Actes Sud, 1998, p. 148.

é capaz de um grande desprezo por si mesmo e que trava uma guerra estéril contra um Supereu perseguidor, em uma paisagem na qual não há ninguém. Citando o *homem do subsolo:*

> – Não passas de um covarde! – ressoou algo em minha cabeça –, se tiveres coragem de rir disso agora.
> – Azar! – gritei em resposta a mim mesmo. Agora tudo está perdido![11]

A narração de *Crime e Castigo* começa com Raskólnikov saindo de casa para visitar a velha usurária. O Supereu manifesta-se aí na forma de injunção: *ele deve* fazer aquilo. Mais precisamente, a injunção decorre de uma comparação com um Ideal que o leitor conhecerá muito mais tarde:

> "Temer semelhantes bobagens, quando projeto uma coisa tão ousada!" – pensou com um sorriso estranho. "Hum! sim, *todas as coisas estão ao alcance do homem* e ele deixa isso tudo lhe escapar devido ao medo".[12]

Essa frase está na bem no início do romance. Destaco o que indica com clareza que, imediatamente e já no começo, além da situação sórdida descrita – e ela é sórdida e pavorosa –, há o desafio lançado pela personagem Raskólnikov a si mesmo, o *de poder tudo.* Cabe notar aqui o domínio impressionante que Dostoiévski tem da narrativa, o conhecimento profundo que tem de sua personagem: o artigo escrito por Raskólnikov, de que o leitor terá conhecimento só quando o romance estiver bem adiantado, é a causa primeira de toda a ação, o ideal que o anima[13].

Em *Memórias do Subsolo*, Dostoiévski punha na boca de sua personagem:

> Já faz tempo que não nascemos de pais vivos, e isto nos agrada cada vez mais. Em breve vamos querer nascer de uma ideia.[14]

---

11 J.W. Bienstock (trad.), *Notes du sous-sol*, Paris: POL , 1993.

12 *Crime et châtiment*, Paris: Folio, 1991, v. 1, p. 56. Grifo nosso.

13 Ibidem, p. 167, 168. Grifo nosso. Há outra clara menção sobre os antecedentes do assassinato em Raskolnikov: "*Ele se convenceu de que* [...] conservaria a plenitude de sua inteligência e de sua vontade durante todo o tempo da ação, pela única razão de que aquele projeto '*não era um crime'... Não relataremos a série de reflexões que o levaram àquela certeza...*" . Grifo nosso.

14 *Notes du sous-sol*, p.158.

CRIME E CASTIGO

Raskólnikov quer nascer – mais precisamente: renascer –
a partir de uma ideia: a de que todas as coisas estão ao alcance
do homem, desde que ele seja um *homem extraordinário*. E é
com essa ideia, com esse Ideal, que seu Supereu o confronta
até o assassinato e bem depois dele.

Essa ideia, segundo as circunstâncias, pode ter duas características. Às vezes ela pode estar inflada de imaginário e, nesse
caso, o confronto com o Supereu se torna catastrófico; mas a
ideia de ser um *homem extraordinário* também pode ancorar-
-se no simbólico e, nesse caso, o Supereu pode mais facilmente
tolerar sua presença na consciência.

O que acabo de dizer, na teoria psicanalítica, diz respeito
às relações entre Eu, Ideal do Eu, Eu Ideal e Supereu. Quando
a ideia está inflada de imaginário, temos o Eu Ideal: quero ser
Marlon Brando. Quando a ideia se ancora no simbólico, trata-
-se do Ideal do Eu: quero ser bom ator. O Ideal do Eu pode ser
uma ponte pela qual o Supereu tolera que uma ideia (por exemplo: quero ser um bom ator) se instale duradouramente no Eu.

Voltemos a Raskólnikov. Sobre a questão da ausência de
pai vivo falaremos em breve. Por ora, gostaria de insistir nas
condições de realização da ideia, ou seja, na indiferença a todo
e qualquer sentimento, a todo e qualquer afeto. A cena em que
Raskólnikov intervém para evitar que uma jovem caia nas mãos
de um velho perverso que a está rondando expressa muito bem
a confusão que ele faz entre sentimentalismo e sensibilidade
e, por extensão, como o ideal que ele adota exige a abolição de
qualquer empatia com o outro e com o mundo.

Depois de intervir vigorosamente e de confiar a jovem a
um policial, movido por um sentimento obscuro e como se
tivesse ocorrido uma reviravolta completa, grita para o próprio policial:

"deixe que ele se divirta (apontava para o almofadinha). O que o senhor
tem com isso?" O policial [que Raskólnikov convencera a intervir] não
entendia e olhava com os olhos arregalados. "[...] Por que me meti a
ajudar? Ah! bom, sim, ajudar, cabe a mim fazer isso? Eles que se devo-
rem vivos, o que eu tenho com isso?"

Mas o Supereu não ocupa lugar integral, como em *Memórias do Subsolo*:

Apesar dessas palavras estranhas, ele estava com o coração partido. "[...] Pobre menina" – disse olhando para o canto de banco onde ela estivera sentada. Vai voltar a si, chorar, depois a mãe a repreenderá.[15]

E Raskólnikov continuará, tristemente, imaginando uma sequência cruel, como aquelas que a vida é capaz de infligir, imaginação mais de cunho realista que amargurado.

Marmeládov

Antes do assassinato outras três ocasiões escapam ao domínio do Supereu: a primeira é o encontro com Marmeládov, rei shakespeariano decaído e perdido em um cabaré do submundo de São Petersburgo. Esse encontro terá importância determinante para o conjunto do livro e importância secundária para o assassinato. É também rico em ensinamentos sobre a personalidade de Raskólnikov antes do crime.

Raskólnikov foi quem antes notou Marmeládov. Dostoiévski introduz a cena com uma observação:

> Às vezes nos ocorre encontrar certas pessoas, frequentemente desconhecidas, que nos inspiram um interesse súbito, à primeira vista, antes mesmo de conseguirmos trocar uma só palavra com elas. Foi a impressão que [Marmeládov] produziu em Raskólnikov. [...] Não parava de olhar para ele, e o outro também não.[16]

Portanto, Raskólnikov, antes do assassinato, é capaz de se interessar intensamente por alguém. Esse traço de generosidade da personagem parece-me capital para a sequência dos acontecimentos; voltarei a isso. Por ora, cabe notar apenas essa generosidade como um traço da paixão que o habita. Observo também que as características do encontro com Marmeládov, encontro fulgurante e enigmático (enigmático porque em torno de um ponto de real), é uma constante na obra dostoievskiana.

Assim como Raskólnikov está preocupado em se afastar de seus sentimentos, na mesma medida Marmeládov está mergulhado na imensidão do sofrimento:

15 *Crime et châtiment*, v. 1, p. 133.
16 Ibidem, v. 1, p. 69.

CRIME E CASTIGO

"Quanto mais bebo, mais sofro. Por procurar sentir e sofrer mais é que me entrego à bebida. Bebo para sofrer melhor, mais profundamente."

Aliás, ele acreditou decifrar no rosto de Raskólnikov

uma expressão de dor. "Assim que o senhor entrou, tive essa impressão, foi por isso que logo lhe dirigi a palavra"[17].

Ora, Raskólnikov entra no cabaré depois de visitar a usurária, que o leitor compreende confusamente ser o ensaio de alguma coisa macabra. Essa constatação de que seu rosto expressa dor demonstra a magnitude da luta que ele trava contra a existência de seus sentimentos.

As semelhanças entre Marmeládov e o *homem do subsolo* são numerosas: autoconhecimento aguçado, indignidade, caráter sórdido de sua condição, ódio de si mesmo. Por isso, tal como o *homem do subsolo*, ele manda uma criança para a prostituição, e essa criança é sua filha. No entanto, essa personagem, pai assassino, nos emociona, porque, ao contrário do *homem do subsolo*, que tem um posicionamento perverso, Marmeládov tem um olhar que

deixava transparecer laivos de loucura. O que mais surpreendia em seu rosto era o entusiasmo que irradiava – talvez também certa fineza e inteligência[18].

Marmeládov, diferentemente do *homem do subsolo,* não deixa de apelar para o outro, não deixa de supor um outro que seja capaz de acolher sua demanda, seu infinito desamparo, as ruínas de seu ser. E, se esse outro não existe neste mundo, então haverá Deus, no Juízo Final, que o receberá em seu reino, ainda que ele seja um porco, um bruto. E os sábios e os inteligentes não entenderão nada[19]. Certamente porque a inteligência não é suficiente para poder suportar a acolhida absoluta.

Creio que é essa crença em uma bondade divina incondicional que confere cores patéticas e grotescas à personagem trágica Marmeládov. Ora, essa crença remete à estrutura de

17 Ibidem, v. 1, p. 75-76.
18 Ibidem, v. 1, p. 69.
19 Ibidem, v. 1, p. 88.

pensamento da qual Raskólnikov quer se separar, para ser o único responsável por seus atos, para ser o único a quem prestar contas do sentido de sua vida, o único responsável por sua danação ou sua salvação. Mas a crença de Marmeládov revela a amplitude da tarefa que está à espera daquele que tenta fundar um outro modo de pensar o mundo. Porque a crença de Marmeládov pressupõe a existência de referentes, sem os quais não é possível nenhum elo eficaz com o real e que, para isso, devem ser encontrados na nova fundação: um referente (Deus, para Marmeládov) que possibilite a coexistência das diferentes singularidades. Referente que garante também a desmesura ou mesmo a loucura, como parte de nossa humanidade. Desse ponto de vista, Marmeládov expressa a posição de Dostoiévski, posição em confronto com a qual ele porá Raskólnikov, mas sem nunca a impor. De fato, uma das características do gênio de Dostoiévski é o respeito e o amor por suas personagens, que são levadas até onde ele mesmo não se sente em condições de ir.

Do ponto de vista do romance, o encontro com Marmeládov é fundamental. Graças a esse encontro Raskólnikov conheceu Sônia, que, identificada com o desejo de seu pai, se constituiu na aceitação absoluta do outro. (Diga-se de passagem, na construção de suas personagens, Dostoiévski demonstra um conhecimento espantoso das identificações inconscientes.)

Com referência ao assassinato: a relação de Sônia com o pai é idêntica à de Dúnia com o irmão Raskólnikov; Dúnia, por insistência da mãe, concorda em se prostituir para que o irmão possa estudar e fazer uma boa carreira. Há também o aspecto sórdido: Marmeládov e seu ambiente apresentam ao protagonista uma figura daquilo que poderia ser seu futuro miserável. Isso ajuda a induzir o leitor momentaneamente em erro, na apreciação dos móbeis do crime que, por enquanto, parecem ser puramente pecuniários.

As outras duas situações que escapam ao domínio do Supereu antes do assassinato são: a carta da mãe – que nos dá a conhecer uma mãe horrível, cafetina, perversa e dominadora; o sonho da matança do cavalo – que nos dá a conhecer um pai fraco, tímido, medroso: Já faz tempo que não nascemos de pais vivos!

CRIME E CASTIGO

Essas duas informações sobre o ambiente familiar de Raskólnikov são duplamente importantes. Em primeiro lugar, indicam que a solidão na qual ele está na véspera do assassinato não é inabitual, que ela data de antes de seu período de estudos na universidade, e que está lá desde a infância, portanto desde sempre. Filho de uma mãe perversa e de um pai ausente, Raskólnikov precisou forjar para si defesas concretas para se proteger da dor que tal solidão mobiliza e poder prosseguir. Freud nos ensinou que essas defesas construídas pela criança precocemente abandonada pelos pais são defesas megalomaníacas, por meio das quais o sujeito tenta convencer-se de que pode prescindir dos outros para viver e que só deve contar com a onipotência de suas fantasias. Isso é compreensível: apostar na fiabilidade da presença do outro é correr o risco de ser novamente decepcionado, portanto de reencontrar a dor inicial contra a qual o sujeito se defende para não se despedaçar. A clínica do trauma implica sempre que se respeite essa defesa maníaca, instalada para paliar uma dor psíquica incomensurável. E Dostoiévski, como demonstrei, nos dá ensinamentos sobre essa clínica.

O conhecimento do ambiente familiar de Raskólnikov também nos informa sobre a natureza de seu Supereu – informação capital para compreender a sequência dos acontecimentos. Também aí só podemos ficar estarrecidos com a compreensão que Dostoiévski tinha desses processos psíquicos que serão conceituados por Freud décadas depois.

A constituição de um Supereu depende completamente das relações reais que a criança conhece durante toda a primeira infância. Se os pais forem incapazes de reconhecer as enormes necessidades psíquicas do bebê, isso determinará a formação de um Supereu cruel, feito de uma mescla de idealização e perseguição. A defesa megalomaníaca é uma tentativa de escapar a essa crueldade. Tentativa frustrada, pois a defesa maníaca não leva em conta as necessidades do Eu e, ao contrário, o submete a uma exigência cruel de onipotência.

A outra consequência da formação precoce de um Supereu cruel será que, desde a infância, em toda nova pessoa conhecida, o sujeito projetará a idealização e a perseguição originária. A idealização fará desse novo conhecimento um ser perfeito, ideal, capaz de corresponder a todas as expectativas. Mas as feridas narcísicas profundas tornam intolerável qualquer diferença em relação ao outro, portanto muito depressa o recém-chegado será o novo perseguidor. A menor desatenção e uma inadequação mínima entre a expectativa e a resposta a essa expectativa serão utilizadas como prova indiscutível de abandono e precipitarão o outro no lugar do perseguidor de sempre. Evidentemente, todo esse processo escapa à consciência. Conscientemente, o sujeito está convencido de que, novamente, foi traído em sua confiança e que o outro que ele conheceu é, mais uma vez, incapaz de amar. Para a consciência, o que torna o recém-chegado perseguidor não é essa inadequação mínima entre a expectativa e a resposta obtida; para a consciência, essa impossível coincidência é vivida como uma recusa de amor que vem do outro. A recusa é um ato de desejo: ao se recusar a dar o amor que poderia ter dado, o outro se torna um perseguidor voluntário e destruidor. Traído e abandonado, o sujeito aparentemente – ou seja, para a consciência – reencontra o abandono já conhecido; na verdade, repetindo assim o abandono primeiro, ele se autoinflige o abandono da primeira infância.

Um fator inconsciente aumenta os efeitos da crueldade do Supereu: inconscientemente o sujeito *sabe* que é ele o encenador do que lhe acontece, sabe que foram seus ataques que transformaram o outro em perseguidor. E, sendo culpado, pune-se desses ataques.

Todas essas considerações nos possibilitam compreender a imensa dificuldade que Raskólnikov tem para amar Sônia e para reconhecer a verdade do amor que ela tem por ele. É preciso ser filha de Marmeládov para suportar durante tanto tempo os ataques sádicos de Raskólnikov. Sônia é uma figura do terapeuta que trata o trauma.

Razumíkhin, o Amigo

Mas o Supereu não é apenas consequência das primeiras relações reais encontradas na vida. O Supereu remete também à lei comum, aos referentes de uma cultura, fiadores do desejo e da vida entre os membros da comunidade – lei e referentes

CRIME E CASTIGO

que são transmitidos à criança pelos pais. Estamos, portanto, em condições de imaginar muito bem a extensão das dificuldades nas quais está Raskólnikov. Ele quer mudar o quadro de pensamento dado pela sociedade na qual vive. A legitimidade de tal projeto enraíza-se em sua biografia: como seu primeiro outro não pode ser um referente, ele tem razão de assumir seu desejo de ir em busca de novas modalidades de encontro, para fundar novas relações com o outro e com o mundo. Mas, nesse percurso, será atravancado pelas características de seu Supereu, que o impedirão de reconhecer o outro como uma novidade e o encontro como inédito.

A clínica psicanalítica nos ensina que a atenuação da crueldade do Supereu exige que se cuide do corpo, físico e somático. Que seja inventado e mantido o encontro com o semelhante. O semelhante é o pequeno outro, que vai do companheiro de bar, ou do estrangeiro com quem se cruza durante uma viagem, até o amigo. Para a teoria psicanalítica, interessar-se pelo corpo e pelo semelhante quer dizer interessar-se pelo Eu ou mesmo pelo fortalecimento do Eu. O Eu, para resumir, é o lugar, a morada onde podem encontrar-se os convidados de dentro – sensações corpóreas, pulsões, desejos, lembranças – e os convidados de fora – a pele, o outro, o mundo. Dostoiévski, grande clínico, está muito atento ao Eu. No que se refere ao corpo, ele não para de indicar o modo como Raskólnikov não cuida do seu. No que se refere ao semelhante, existe Razumíkhin.

Antes do assassinato e logo depois dele, Raskólnikov se dirige à casa de Razumíkhin. Razumíkhin é o amigo, fiel e generoso, da mesma geração, bem próximo e, ao mesmo tempo, diferente; em suma, um outro Eu. Fazia tempo que Raskólnikov não o via. Ora, como só faz dois meses que ele pensa no assassinato, pode-se supor logicamente que, se ele tivesse mantido aquela relação de amizade durante tal período, as coisas teriam sido diferentes. Deixemos de lado essas conjecturas; uma coisa é certa: *na obra de Dostoiévski, Razumíkhin é a figura do amigo* e, como tal, representa a importância daquele pequeno outro na vida de um ser humano. Voltarei demoradamente a Razumíkhin adiante. Agora gostaria de fazer duas observações.

A primeira diz respeito à narrativa de *Crime e Castigo*. Se o encontro com Sônia, encontro essencial, patina e derrapa, é porque Raskólnikov não tem amigo. E, se o encontro com Sônia pode afinal acontecer é porque ele interioriza a amizade com Razumíkhin. É o amigo, aquele pequeno outro, que atenua a crueldade do Supereu e, ao fazê-lo, prepara o encontro com o real do amor, em que o outro está no lugar do Todo. Porque o encontro com o real do amor é conturbador, fundador. Ora, quando o Eu está frágil, essa intensidade absoluta e inédita é vivenciada como perseguidora e assassina[20].

A segunda observação dirige-se aos clínicos. Na clínica do trauma, é fundamental que o terapeuta conheça a importância desse pequeno outro na transferência e se preocupe com ela. Abordei essa questão há vários anos, chamando a atenção para a necessidade do manejo transferencial dos elementos da realidade e, mais tarde, fazendo da amizade a base de elaboração da transferência[21].

Para possibilitar entender a importância desse pequeno outro, concluirei com um exemplo clínico. São palavras de uma criança, ouvidas em um restaurante.

Um adulto diz a uma criança que acabou de fazer uma grande bobagem: "por que você fez isso?" E a menina: "você não acha que vai mais rápido se você começar logo a me bater?"

Duas hipóteses. A primeira é que o adulto é uma pessoa nova na vida da criança. Nesse caso, a criança reconduz a relação habitual de violência para o adulto tutelar e, ao fazê-lo, projeta no inédito a sombra da repetição. Com esse procedimento ela evita encontrar um novo modo de relação com o adulto baseado na palavra. Essa evitação tem um benefício: poupa ao sujeito o imenso trabalho psíquico de estabelecer um novo modo de encontro. De acordo com essa hipótese, a frase da menina "você não acha que vai mais rápido se você começar logo a me bater?" diz respeito antes de tudo a ela mesma. De fato, para ela é mais econômico reviver o trauma habitual do que se empenhar no trabalho psíquico de reconhecimento de que nem todos os adultos são iguais. Evidentemente, todo esse processo é inconsciente. O fato de ser ela que está reconduzindo seu modo habitual de relação com o adulto escapa a

20 Cf. meu ensaio "O Amor Verdadeiro", em *Cartas a uma Jovem Psicanalista*.
21 Cf. Le Hasard et la réalité, *Topique*, Paris, n. 63, 1997; O Acaso e a Realidade, em *Cartas a uma Jovem Psicanalista*.

CRIME E CASTIGO

seu entendimento. Ao contrário, como todos que utilizam o mesmo procedimento inconsciente, ela está convencida de que a repetição vem do real, que produz apenas adultos violentos.

A outra hipótese é que o adulto do diálogo seja a figura tutelar. Nesse caso a frase da menina indica o entendimento que ela tem de uma situação que se repete regularmente, na qual a palavra não tem lugar e que, de qualquer modo, acabará sempre em violência.

Nos dois casos não há pequeno outro para a criança, fechada que está em uma relação totalitária com o adulto de referência.

2. RAZUMÍKHIN

No dia seguinte ao assassinato, assim que acorda, Raskólnikov vai à casa de Razumíkhin. Faz isso logo depois de comparecer à delegacia para responder a uma intimação referente a sua dívida com sua senhoria. Fica espantado:

de repente, parou perto da ponte.

"É aqui que ele mora, aí, nessa casa. Mas o que isso quer dizer? Minhas pernas me trouxeram maquinalmente até a residência de Razumíkhin, a mesma história do outro dia. De qualquer modo é muito curioso: será que vim a propósito ou fui aqui trazido por acaso? Não importa, da outra vez eu disse que iria à casa de Razumíkhin no dia seguinte *à coisa*. Pois bem, aqui estou, vim!"[22]

"Da outra vez" era a véspera do assassinato, portanto, a antevéspera. Naquele momento, Raskólnikov estava espantado:

"E por que me deu na telha agora de ir à casa de Razumíkhin? É incrível!" [...] A questão de saber por qual razão ele agora ia à casa de Razumíkhin o atormentava mais do que ele mesmo admitia. [...]"*O quê, será possível que pensei em resolver toda a questão só com a ajuda de Razumíkhin? Encontrar nele a solução para todas essas graves questões?" – perguntava-se com surpresa.* Refletia, coçava a testa e, coisa estranha, [...] ocorreu-lhe repentinamente uma ideia extraordinária. [...] "Vou à casa dele... no dia seguinte, depois da coisa, quando a 'coisa'

22 *Crime et châtiment, v. 1,* p. 227. Grifado no original.

56 OS ENSINAMENTOS DA LOUCURA

tiver acabado e tudo tiver mudado." De repente, Raskólnikov voltou a si. "Depois da coisa – exclamou sobressaltando-se, mas *a coisa* ocorrerá, ocorrerá de verdade?[23]

Essa dúvida expressa no fim indica bem que a visita a Razumíkhin poderia ter mudado o curso dos acontecimentos, ajeitar toda a questão, encontrar a solução para todas as suas graves indagações.

Foi depois de ter estado diante da casa de Razumíkhin que Raskólnikov teve o sonho com o cavalo, após o qual ele foi capaz de imaginar perfeitamente o assassinato. Fica bem evidente, no sonho, que o cavalo representa também a usurária:

"Meu Deus" – exclamou ele – "será possível, mais será possível mesmo que vou pegar um machado para atingi-la e lhe esmagar o crânio? Será possível vou escorregar no sangue morno e viscoso dela, que vou arrombar a fechadura, roubar, tremer e me esconder todo ensanguentado... com o machado? ... Meu Deus, isso é possível?..."[24]

Logo depois de ter imaginado o assassinato em todos os seus detalhes, ele admite que *não terá coragem*. Depois,

sentiu que já se livrara daquele terrível fardo que o vinha esmagando havia tanto tempo; sua alma parecia leve e apaziguada. [...] Apesar da fraqueza, não sentia cansaço. Parecia até que o abscesso que durante todo aquele mês se formara aos poucos em seu coração acabava de estourar. Livre![25]

É evidente que essas considerações depois de a personagem ter estado diante do domicílio de Razumíkhin não são fortuitas. (Dostoiévski não deixa nada ao acaso.) Razumíkhin, está claro, é para Raskólnikov um critério de referência egoico – e suas reflexões dizem respeito ao Eu.

Razumíkhin é o amigo. Entre todas as grandes personagens da obra, ele é, de fato, a única figura de amigo. Entre ele e Raskólnikov não há a *permeabilidade* ou mesmo a *porosidade* que há entre o príncipe Míschkin e Rogójin em *O Idiota*, ou entre as personagens de *Os Demônios*, ou entre os irmãos

23 Ibidem, v. 1, p. 137, 138. Grifo nosso.
24 Ibidem, v. 1, p. 148.
25 Ibidem, v. 1, p. 149.

CRIME E CASTIGO

Karamázov. Razumíkhin, portanto, não é o duplo de Raskólnikov, ele é radicalmente um outro. Aliás, com frequência, Razumíkhin não compreende o que ocorre com e no seu amigo – o que não o impede de continuar a amá-lo, de continuar sempre sendo fiel a ele. Razumíkhin, embora ame e admire Raskólnikov, não é fascinado por ele. Raskólnikov o impressiona, mas ele não o inveja. Razumíkhin, com toda a evidência, gosta da vida, gosta das mulheres, tem uma relação imediata e simples com o real. Certamente, de seu ponto de vista, Raskólnikov complica inutilmente a existência, constatação que ele faz com paciência e ternura. Essa dimensão de ternura é uma característica essencial e faz de Razumíkhin uma personagem à parte no conjunto da obra. Ele é o bom rapaz, que não se ataranta com questões que considera excessivamente complicadas para ele. Não inveja aqueles que se ocupam de tais questões e não os considera com sarcasmo nem com zombaria; simplesmente não é com ele – razão pela qual, inclusive, não será por isso que ele lhes terá uma estima especial. Seus critérios de afeição têm outros motivos: sinceridade, força de caráter, coragem moral, generosidade, compreensão da vida[26].

Ameaça de Loucura

Portanto, Razumíkhin é o amigo, o pequeno outro por excelência, aquele sem o qual não se pode sair do trauma, porque é ele que dá consistência ao Eu. É também desse pequeno outro no outro que precisa quem se lança em um projeto de envergadura. E, se aquele de quem se esperava essa presença falhar, nós nos sentiremos traídos e abandonados, com razão. Voltarei ainda a essa questão do pequeno outro, central na relação terapêutica.

Nos outros romances de Dostoiévski é por intermédio das mulheres que as personagens masculinas tentam sair do território traumático. Mas essa tentativa nunca funciona. Sem dúvida, por causa das mulheres que elas encontram. Mas, principalmente, porque essas personagens masculinas não

---

26 A discussão entre Razumíkhin e Zóssimov, amigo recém-formado em Medicina que cuida de Raskólnikov, sobre um conhecido comum são reveladoras do caráter e da sensibilidade de Razumíkhin. (*Crime et châtiment*, v. 1, p. 264.)

têm um Razumíkhin em sua vida, porque elas não têm um amigo homem em quem se apoiar, em quem ter confiança. Para um homem, reconhecer o aspecto homossexual e aceitar essa dimensão são condições essenciais para poder encontrar uma mulher. Se Raskólnikov, após longo percurso, consegue fazer uso psíquico do amor de Sônia, é porque Razumíkhin ganhou existência em seu mundo interno.

Dostoiévski apresenta Razumíkhin como uma força da natureza, de humor sempre igual:

> Era um rapaz extremamente alegre, expansivo e de uma bondade que chegava às raias da ingenuidade. Essa ingenuidade, porém, não excluída sentimentos profundos e grande dignidade. [...] Razumíkhin também era notável pela particularidade de que nenhum insucesso podia perturbá-lo e nenhum revés conseguia abatê-lo.[27]

Raskólnikov, por sua vez, dirá de Razumíkhin:

> "o melhor de todos, ou seja, o mais inteligente e [quem] pode julgar"[28]

De fato, quando Raskólnikov volta a si depois do assassinato, Razumíkhin está lá, ao seu lado. Organizou tudo. Homem prático e de iniciativa, conseguiu encontrar o endereço do amigo – o que nas circunstâncias do último encontro indica a dimensão de sua fidelidade. Soube ser aceito pela senhoria – chegou até a recuperar a confissão de dívida assinada por Raskólnikov, em virtude da qual ele fora intimado a se apresentar à delegacia. E, principalmente, cuida do corpo dele, portanto, de seu Eu: Raskólnikov tem o que comer; o amigo também comprou bons travesseiros para que ele durma bem, além de cobertas e roupas novas.

Quando reencontra Raskólnikov em casa – fraco, febril e delirante –, Razumíkhin está diante de alguém muito afastado do mundo. Depois do assassinato, aos poucos, tudo se torna indiferente para Raskólnikov. Antes de assassinar a velha, no episódio com a jovem, por exemplo, ele exigia insensibilidade de si mesmo, bancava o fanfarrão[29]. Agora essa insensibilidade

---

27   *Crime et châtiment*, v. 1, p. 135-136.
28   Ibidem, v. 1, p. 229.
29   Ibidem, v. 1, p. 127s.

CRIME E CASTIGO

o surpreende e o enregela. Não é possível descrever melhor a despersonalização acompanhada pelo desinvestimento do corpo, desinvestimento que marca a entrada na psicose. Os primeiros sinais ele percebe na delegacia:

Súbito, sentiu-se cheio de indiferença pela opinião que pudessem ter dele, e essa mudança ocorrera num piscar de olhos [...] Se a sala, em vez de estar cheia de policiais, estivesse cheia de seus amigos mais íntimos, ele provavelmente não teria encontrado nenhuma palavra amistosa ou sincera para lhes dizer no vazio em que soçobrava seu coração. Era invadido por uma lúgubre impressão de isolamento infinito e terrível. [...] Ocorreu com ele algo completamente novo, que ele não saberia definir e nunca experimentara. [...] Nunca antes experimentara sensação tão estranha e cruel, e seu sofrimento redobrava porque ele tinha consciência que se tratava mais de uma sensação que de um sentimento explicável, uma sensação assustadora, a mais torturante que ele conhecera na vida.[30]

Essa *sensação assustadora* é a consequência de um Eu que se desagrega e desaparece, desaparecimento que por sua vez é consequência do desinvestimento do próprio corpo que, de repente, se torna desabitado, desencarnado.

Seu estado piora e ele tem consciência disso. Tal como o *homem do subsolo*, ele se diz:

"É porque estou doente" – decidiu por fim, com expressão sombria. – "Estou me torturando e me dilacerando; sou incapaz de controlar minhas ações [...] Só faço me martirizar".

Mas, ao contrário do *homem do subsolo*, ele ainda é capaz de ficar aterrorizado com esse estado, capaz de desejar não entrar nele:

"Quando me curar, vou deixar de (me martirizar)... Mas, e se eu não me curar nunca? Meu Deus! Como estou cansado de toda essa história!"[31]

Essa canseira diz respeito à sua impotência de fugir a seus pensamentos. Tinha uma vontade terrível, mas não sabia o que fazer.

30 Ibidem, v. 1, p. 215-216.
31 Ibidem, v. 1, p. 227.

A essa impotência se mescla um ódio túrbido que engole tudo, ódio que acompanha o ingresso na psicose:

Uma sensação nova se apoderava irresistivelmente dele e crescia de instante a instante. Era uma repugnância quase física, uma repugnância teimosa, odienta, a tudo o que ele encontrava, a todas as coisas e a todas as pessoas que o cercavam. Sentia horror por todos os transeuntes, horror por seus rostos, seu modo de andar, seus mínimos movimentos. Gostaria de lhes cuspir na cara, estava pronto a morder quem lhe dirigisse a palavra.[32]

Foi nesse estado que suas pernas o levaram maquinalmente até a residência de Razumíkhin. Inconscientemente, no momento em que perde o norte de seu corpo, ele recorre ao amigo, ao pequeno outro, a um outro Eu, a um outro corpo. Essa tentativa é a prova de que ele não está inteiramente destruído, de que *ainda* há um espaço vivo que ficou intacto. Essa tentativa é testemunho, portanto, da existência em Raskólnikov das condições psíquicas que preparam o advento de Sônia. Mas, por enquanto, essa tentativa não pode ser bem-sucedida, impossível para Raskólnikov transformá-la em encontro.

Toda a bílis lhe subiu à cabeça, mal cruzou a porta de Razumíkhin.

Não adianta reconhecer que Razumíkhin é o melhor de todos, o *inteligente* e capaz de julgar; seu ódio a si mesmo é mais forte. Tal como o *homem do subsolo*, ele recorrerá a um posicionamento megalomaníaco (o *homem do subsolo* é o paradigma da relação com a psicose mantida por todas as grandes personagens trágicas de Dostoiévski):

"Agora estou vendo que não preciso de nada, ouviu, de nada mesmo... Dispenso os serviços e a simpatia dos outros... Estou sozinho e sou autossuficiente... Bem, chega! Deixa-me em paz!"[33]

Em outros termos, quando desse encontro com Razumíkhin, Raskólnikov, assim como o *homem do subsolo*, chama o outro para lhe falar de seu desinteresse por sua existência, para que ocupe o lugar de espectador impotente.

32 Ibidem.
33 Ibidem, v. 1, p. 229.

CRIME E CASTIGO

Mas aqui, ao contrário do *homem do subsolo*, o outro não é virtual. Razumíkhin, como verdadeiro amigo, passa-lhe um "sabão":

"Estás ficando louco" – vociferou Razumíkhin, finalmente enfurecido. – "Que comédia é essa que você está representando? Palavra de honra, você me faz perder a cabeça. Por que vieste então, com mil diabos?"

Mas, quando percebe que Raskólnikov não ouve nada e está indo embora, a cólera desaparece, e é a preocupação com o amigo que predomina:

"Ei, onde você mora?"[34]

Duas observações sobre essa visita. A primeira é que ela possibilitou a Razumíkhin compreender que o amigo está *gravemente doente*, que está *delirando*, que é uma *espécie de louco*. Por esse motivo, vai procurar seu endereço e cuidar dele – com as consequências benéficas que conhecemos. Em suma, a tentativa de Raskólnikov de encontrar um pequeno outro, embora fracassada, não foi inútil, pois possibilitou ao amigo reconhecer ao mesmo tempo seu desespero e seu apelo.

A segunda observação diz respeito à cólera de Razumíkhin, quando ele se dirige a Raskólnikov dizendo:

"Que comédia é essa que você está representando? Palavra de honra, você me faz perder a cabeça. Por que vieste então, com mil diabos?"

Essa alocução não é de um pequeno outro, mas de um referente, de alguém que lembra a lei comum, mais precisamente, no caso, a de que ninguém deve tratar outra pessoa como se ela não existisse, como se ela não tivesse sentimentos. Ao certo – e felizmente –, o amigo não está apenas no lugar de um pequeno outro; em se tratando de um amigo, ele inevitavelmente ocupará com frequência o lugar de referente. De fato, que outro tipo de relação, senão a de uma verdadeira amizade, se constitui como o lugar onde o encontro se baseia e se sustenta no

34 Ibidem, v. 1, p. 228 e 231.

reconhecimento da singularidade de cada um dos parceiros? – exercício difícil, exigente e alegre de uma reciprocidade que põe em ação a invenção de um quadro ético.

Na verdade, foi por considerar o amigo em posição de referente que postulei que a matriz da amizade é a mesma da matriz da transferência. Reconhecia que esse postulado ensejava um sério problema epistemológico, a saber: como se pode postular que a amizade estaria na origem e seria o suporte da transferência, quando o tratamento analítico se fundamenta em uma *assimetria* essencial, ao passo que a amizade pressupõe *reciprocidade*?

Responder a essa pergunta exige, em primeiro lugar, um esclarecimento. Se concebermos a transferência como algo que se esteie na amizade, será preciso lembrar que sua extensão é menor: ela é um instrumento, poderoso, mas limitado por sua função, que possibilita uma nova apreensão das relações que um sujeito tem consigo mesmo e com o mundo. Como já disse em outro lugar: de fato, como mostra a experiência, em certas configurações da transferência é a amizade que sentimos pelo paciente que nos possibilita manter o desenrolar do processo analítico. No fim do tratamento – é nossa expectativa –, ele poderá nos reencontrar no lugar a partir do qual nós o sustentamos e sustentamos a transferência[35].

Isso nos leva a uma constatação: a assimetria é aquilo que fundamenta o diálogo psicanalítico, mas é a reciprocidade do desejo de pensar que fornece o quadro do tratamento. O tratamento psicanalítico pressupõe *uma circularidade e uma reversibilidade* dos lugares subjetivos nos dois protagonistas. Sem essa *circularidade* e essa *reversibilidade* seria impossível afirmar, como alega todo freudiano, que o tratamento analítico constitui o elemento central da formação, uma vez que o analisando de hoje poderá estar amanhã no lugar do psicanalista. É também nessa possível reversibilidade de posições que se baseia a circulação e a transmissão do inconsciente como objeto de pensamento. É verdade, também, que a aceitação da circularidade e da reversibilidade delimita, de modo claro, certa concepção da ética da psicanálise, baseada, precisamente, na amizade.

---

35 Cf. *Cartas a uma Jovem Psicanalista*.

CRIME E CASTIGO

Admirou-me que essas afirmações por mim feitas em *Cartas a uma Jovem Psicanalista* não encontrassem forte oposição na comunidade analítica. Conjecturo hoje que as razões dessa concordância implícita se devam ao fato de que, nesse desenvolvimento, eu considere o amigo sobretudo na posição de referente – que é indiscutivelmente a posição fundamental que ele ocupa, quando se trata de verdadeiro amigo. Isso se harmoniza confortavelmente com a teoria da transferência, que concebe o psicanalista, com razão, como o referente que, na França, tem o apelido de Grande Outro.

Evidentemente, o lugar de referente ocupado pelo analista é o operador por excelência do tratamento. Mas, se logo em seguida o analista ocupa o centro dos eventos transferenciais com os neuróticos, na clínica do trauma isso será uma árdua conquista dos dois protagonistas. Porque o traumatizado e o psicótico estão absolutamente dispostos a pôr o outro imediatamente na posição de referente ideal. Desse modo, bem depressa eles podem transformá-lo no perseguidor de sempre. Para eles, é preciso tempo para utilizar o psicanalista como um referente que possibilite a circulação entre a pluralidade dos espaços internos de seu próprio psiquismo, ou para utilizá-lo como fiador das passagens e trocas entre eles e o mundo. Para que o lugar de referente do psicanalista possibilite essa plasticidade, essa maleabilidade na relação consigo e com o real do mundo, o paciente precisa ter certeza de que o psicanalista é uma pessoa real. Para isso o psicanalista precisa aceitar *também* ser um pequeno outro, um dos Razumíkhins da vida, o que nem sempre é evidente para ele.

Quem nunca conheceu ou não ouviu falar daquela situação caricatural em que o paciente, observando o cansaço do analista, interessa-se e recebe como resposta: "Por que está fazendo essa pergunta?"

Criação de um Razumíkhin em um Coletivo de Cuidados

Vou contar uma história sobre o modo como ocorreu a criação do pequeno outro em um coletivo de cuidados e seus efeitos.

Não havia tampouco um pequeno outro para Renua, quando ela desembarcou naquela sexta-feira de agosto às 15h30 no Centro Antonin Artaud, em Reims. Naquela sexta-feira era o dia da festa anual do Centro. Tivemos um banquete como almoço que reuniu setenta pacientes mais o conjunto da equipe de atendimento. Uma semana de preparação, pratos berberes, franceses, brasileiros, sobremesas suntuosas. Ao final, o Atelier Canto deu um concerto muito emocionante, que terminou com uma ária de ópera cantada *a capella* pela responsável do Atelier, jovem psicóloga estagiária, momento extraordinário.

Às 15h30 exatamente terminava a refeição. Patrick Chemla, psiquiatra e psicanalista, médico diretor do Hospital e do Centro Artaud, estava à mesa que acabara de ser retirada, cercado de pacientes, membros da equipe, estagiários em psiquiatria e psicologia e por dois psicanalistas que haviam passado a semana como visitantes no Centro Artaud.

Renua chegou como uma bólide. É uma moça baixinha de 24 anos, muito bonita, cuja força e determinação é possível adivinhar. No momento estava alucinada. Acabara de fugir do Hospital e o declarava em voz alta a Patrick Chemla diante de todo o grupo. Patrick Chemla lhe disse que lamentava que ela tivesse deixado a hospitalização e acrescentava: "Você vem então na segunda-feira ao Centro?" Ela: "O senhor não vai me denunciar à polícia?" Patrick Chemla (rindo): " Claro que não, não é o estilo da casa. Então, você vem segunda-feira?".

Renua sentou-se e, nervosíssima, começou a xingar a equipe do Hospital: "Aquele doutorzinho china é um cretino, eu vou explodir a cabeça dele. A morena, ah, a morena é uma vagabunda, eu vou devorar as tripas dela." Continuava nesse tom durante certo tempo. Patrick Chemla, realmente contrafeito, faz a seguinte observação: "Mas você está insultando todo o mundo." Renua se levantou, como se houvesse uma mola na cadeira: "Até logo, até segunda-feira." – "Até segunda" – responde Patrick Chemla.

Durante essa troca de palavras ninguém que estava sentado à mesa interveio, nem os pacientes, nem algum membro da equipe. Depois que Renua saiu, a conversa voltou a girar em torno da festa que acabara de ocorrer. Cerca de quinze minutos, depois Renua voltava, sentava-se de novo, recomeçava a insultar a equipe hospitalar. Patrick Chemla, de novo, lhe fez a mesma observação. Ela ficou em silêncio. A conversa das pessoas à mesa recomeçava. Renua reparou então no jovem que estava ao lado dela, belo rapagão. Deslocou toda a energia que usava na luta contra as alucinações para uma atitude de sedução que, apesar do seu estado febril, continha uma sensualidade muito sutil. O jovem respondia calmamente com monossílabos, mantendo distância. Renua mudou de atitude, percebeu-se que ela entendeu alguma coisa: "O senhor é médico?" Respondeu ele: "Não, sou psicólogo e estou fazendo estágio". Renua continuou: "Então, se o senhor é psicólogo, o que é que eu tenho?" O rapaz se sentia na obrigação de responder (talvez porque lhe ensinaram que um psicólogo sempre precisa *saber* responder). Evidentemente, ele não sabia o que dizer. Renua percebeu seu embaraço e resolveu a questão bem depressa: "O senhor é psicólogo e não sabe me responder, hoje é o meu dia de sorte!" A Patrick Chemla, com outro tom, disse: "O senhor pode me dar remédios, doutor? Tenho medo do fim de semana." A conversa foi retomada enquanto Patrick Chemla lhe fazia uma prescrição. Ela pegou a prescrição, agradeceu, disse até logo e saiu de novo.

Voltou pouco tempo depois, sentou-se, recomeçou a xingar. Aí, um dos pacientes, que naquelas circunstâncias, portanto, era para ela um pequeno outro, um dos Razumíkhins da vida, lhe disse: "Eu gosto muito da enfermeira de quem você está falando, ela é muito legal, é cupincha minha". E outro: "Agora há pouco você falou mal do Dr. Fulano. Eu gosto dele, eu gosto. Ele trata bem de mim." Generalizou-se a discussão sobre a qualidade da equipe hospitalar, a pluralidade dos julgamentos, as afinidades. Renua tranquilizou-se, queixou-se, contou como foi sua hospitalização, suas reclamações. Patrick Chemla volta àquilo que estava dizendo ao psicólogo e à psiquiatra estagiária, a respeito do ensaio de Mauss sobre a dádiva. O assunto muda para o sacrifício, falava-se de Abraão. Renua, que acompanhou a conversação muito concentrada, interveio para dizer que no Alcorão não há esse sacrifício. Patrick Chemla concordou e explicou que no Alcorão Deus deve ser sempre amor. Mas admirou-se que Renua conheça o Alcorão. Ele lembrou a todos que Renua é turca, e que o Alcorão está escrito em árabe. Renua recitou o alfabeto árabe que seu pai, já falecido, lhe ensinou. E perguntou a Patrick Chemla: "O senhor é árabe?" Ele lhe respondeu: "Sim, sou árabe".

Gostaria de observar que, com essa pergunta, Renua muda radicalmente de lugar de onde se dirige a Patrick Chemla, ao mesmo tempo que muda Patrick Chemla de posição. A pergunta não se dirige ao Doutor Chemla, mas ao indivíduo Chemla, a Chemla como pequeno outro, a Chemla como um dos Razumíkhins da vida. O extraordinário é que Patrick Chemla aceita essa mudança. Essa mudança, está claro, é uma operação eminentemente simbólica. Essa passagem do grande outro para o pequeno outro é uma passagem que areja, abre uma porta no ser, atenua a ferocidade do Supereu. Um psicanalista muito rígido veria como estratégia histérica esse apelo ao pequeno outro na personagem simbólica de referência. E, por meio da esquiva, ou seja, de uma maneira burra e protocolar, teria respondido com uma estupidez do estilo: "o que a leva a fazer essa pergunta?"

Ao saber que Patrick Chemla é árabe, Renua contou: "Uma amiga me disse que não se deve beber coca-cola nem vinho, porque os dois vêm dos judeus, portanto é coisa ruim." – "Mas eu sou judeu" – disse Chemla. Renua não acreditava. Tomou a assembleia como testemunha, ele acabara de dizer que é árabe. – "É verdade. Sou árabe e sou judeu". – "Não é possível, árabe não gosta de judeu" – "Sim, é possível, sou árabe e judeu." Renua tentou uma saída: "E o senhor pelo menos acredita em Deus!" – "Não. Sou árabe, judeu e ateu". – "Não é possível" – Renua não acreditava naquilo que acaba de ouvir. – "E aquilo que minha amiga disse?" – "Burrices." – responde Patrick Chemla.

Nesse momento, como em um filme, o telefone tocou e Chemla atendeu. É Nawal, a psiquiatra argelina que trabalha com Patrick Chemla. – "Oi, Nawal. Sabe, estou aqui com Renua. Imagine só, ela não acredita que sou árabe, judeu e ateu. Ela também não acredita que eu possa ter amizade com árabes. Vou passar o telefone para ela". – "Alô, Nawal? A senhora é quem? Ah, sim, a de mechas nos cabelos, não é? A senhora é médica, não? Diga lá, o doutor Chemla me disse agora há pouco que é árabe, judeu e ateu. É verdade isso? Ah é! E a senhora é amiga dele? Ah é! De qualquer modo, não importa, ele é meu médico e cuida bem de mim. Vou passar para o seu doutor. Até logo.

Sim, venho segunda-feira ao Centro Artaud". Vale acrescentar: Patrick Chemla é *seu Doutor* tanto mais que aceita *também* ser um pequeno outro!

São 17h00, o Centro ia fechar, era preciso sair. Renua disse que estava contente por ter vindo. Percebia-se sua maior tranquilidade, já não havia luta contra a alucinação. Renua não tinha pressa de ir embora, falou com cada um. E notou alguém que não conseguia antes enxergar de onde estava sentada. É um dos psicanalistas visitantes. "O senhor é médico?" – "Sou amigo do doutor Chemla. Sou psicanalista". – "O que o senhor acha que eu tenho?" – "Eu acho que você está entulhada." – "É verdade que eu estou entulhada, invadida por minha mãe. O senhor está vendo, aqui eu me sinto bem, foi muito legal. Agora vou voltar para casa e lá está minha mãe, e o fim de semana inteiro vou viver no inferno". O psicanalista compreendeu que a situação pode se fechar, que se passa da panorâmica ao *close- -up*, e que Renua podia ir embora em mau estado. Portanto, ele precisava voltar a ser um membro da assembleia, tornar-se bem depressa um dos Razumíkhins da vida. Para isso, para abrir, criar passagem, ele chamou Patrick Chemla. Diante de Renua, ele transmitiu a conversa. Patrick Chemla disse a Renua: "Sei muito bem disso; foi por isso que a hospitalizei. Mas agora você tem o tratamento para o fim de semana e vai voltar segunda-feira para Artaud". Patrick partiu e o psicanalista podia retomar de outro modo a conversa com Renua, ou seja, de uma posição não totalizante, de uma posição assumida em um movimento entre um adulto de referência e o pequeno outro. E, juntos, pensavam em como atenuar os perigos de um fim de semana com a mãe.

3. PORFIRI

Porfiri Pietróvitch, juiz de instrução, é mencionado pela primeira vez no romance quando há uma conversa entre Razumíkhin e Zóssimov, jovem médico, à cabeceira de Raskólnikov. É um parente afastado de Razumíkhin[36].

---

36   Cf. *Crime et châtiment*, v. 1, p. 263.

Porfiri é o duplo de Raskólnikov. O bom duplo. (Explicarei melhor em seguida essa formulação.)

O duplo é um elemento fundamental na narração dostoievskiana. Ele estrutura de maneira forte as relações entre as personagens, a tal ponto que pode ser proposto como uma espécie de chave de leitura de um romance, chave limitada, porém esclarecedora, a partir da pergunta: quem é o duplo de quem?

A questão do duplo aparece muito depressa na obra. De fato, é o título do segundo livro de Dostoiévski. Publicado depois de *Gente Pobre*, que foi um grande sucesso de crítica e público, sua publicação será muito mal recebida. O grande crítico literário Belínski, cujo entusiasmo por *Gente Pobre* foi determinante para sua recepção, detestou *O Duplo*: "Um personagem como Goliádkin, vítima de uma desagregação esquizofrênica, caberia mais em uma instituição psiquiátrica que em uma obra literária."[37]

Porfiri me interessará também como personagem que nos ensina sobre a interpretação das defesas perversas.

É com Razumíkhin que esse ensinamento começa. Mais precisamente durante sua discussão com Zóssimov sobre o crime e o interrogatório de Nicolai, pintor suspeito de ter assassinado a usurária. Razumíkhin volta ao conteúdo do diálogo entre o policial e o acusado:

"Por que fugiste?" "Porque estava com medo." "Medo de quê?" "De ser condenado" *"Por que tinhas medo se te sentes com a consciência tranquila?"* Acreditas, Zóssimov, *essa pergunta foi feita textualmente, nesses exatos termos, sei de fonte segura...* O que achas, não, mas o que achas disso?

"Mas, afinal, as provas estão aí!"

"Não estou falando de provas, mas *da pergunta que fizeram*, do modo de entender o dever desse pessoal da polícia."[38]

A indignação de Razumíkhin aí diz respeito ao uso perverso do manejo das palavras. Notemos de passagem que, por intermédio de sua personagem, Dostoiévski demonstra seu imenso respeito pelas palavras.

---

37 Cf. J.Frank, op. cit., p. 20.
38 *Crime et châtiment*, v. 1, p. 271 e 272. Grifo nosso.

CRIME E CASTIGO

A coisa se prolonga, sempre com Razumíkhin, na cena em que Lújin, o suposto noivo da irmã de Raskólnikov, faz uma visita a este. Lújin fala a respeito do lugar onde alugou um apartamento para sua futura esposa, e Razumíkhin lhe diz, sempre determinado:

"É um pardieiro assustador, sujo, fedorento e, ainda por cima, um lugar suspeito; têm acontecido umas histórias escabrosas. Só o diabo sabe que tipo de gente mora lá [...] Eu mesmo fui lá, levado por um escândalo. Aliás, os apartamentos são baratos."[39]

Logo depois de Lújin se exibir repetindo banalidades que correm pela alta sociedade russa do momento e demonstram – o que é menos banal – os primórdios do capitalismo na Rússia[40], é um Razumíkhin sem piedade que diz:

"Quanto a essa conversa fiada, essas banalidades, esses lugares--comuns, já estou com os ouvidos tão saturados disso tudo há três anos, que fico vermelho não só de falar deles, como também de ouvir falar deles na minha frente. O senhor, naturalmente, apressou-se em exibir suas teorias, e não quero censurá-lo por isso; eu só gostaria de saber quem é o senhor, porque nos últimos tempos tantos intrujões se agarraram aos negócios públicos e sujaram tanto tudo aquilo em que tocaram, que o resultado foi um verdadeiro atoleiro. Bom, chega!"[41]

Dizendo essas verdades a Lújin, Razumíkhin não está encolerizado nem indignado. Sua calma e seu desprendimento certamente decorrem da indiferença com a qual ele *ouve* Lújin. Conforme lhe lembra, ele já ouviu um número incalculável de vezes tiradas semelhantes na boca de pequenos burgueses em vias de "subir na vida". Mesmo assim, ele é *implacável*.

Para uma teoria da interpretação das defesas perversas, cabe lembrar a calma, o desprendimento e a implacabilidade.

O desprendimento é consequência da ausência de uma implicação narcísica para aquele que interpreta. Razumíkhin não quer convencer Lújin de coisa nenhuma. Apenas lhe diz o que pensa; o outro que faça, ou não, uso desse pensamento.

---

39 Ibidem, v. 1, p. 285.
40 Ibidem, v. 1, p. 286-289. Cf. também n. 1, Cap. i.
41 Ibidem, v. 1, p. 289.

A implacabilidade decorre da preocupação com a verdade. O que falta a Razumíkhin é a preocupação com a aceitação – que Porfiri possui e da qual falaremos adiante.

Mas, coisa estranha, Razumíkhin fica muito chocado quando ouve Raskólnikov dizer a Lújin o que é a consequência lógica de sua interpretação. Razumíkhin está chocado com a cólera e o conteúdo daquilo que o amigo diz ao espertalhão. *A cólera* passa-nos informações sobre uma dimensão essencial da interpretação da defesa perversa: a dimensão afetiva da contra-transferência, ou seja, o fato de o terapeuta pôr em circulação aquilo que ele sente na relação transferencial. Ora, Raskólnikov está furioso com Lújin, e com razão. O conteúdo daquilo que Raskólnikov diz abre também para outra faceta da interpretação da defesa perversa: para prever os desdobramentos devastadores na realidade da manipulação das palavras pelo perverso e de seu encontro com o outro, há necessidade *de imaginar* esses desdobramentos. É dessa prática da imaginação que dependerá a capacidade de adivinhação do real por parte do terapeuta. Razumíkhin, como se sabe, é perfeitamente capaz de encolerizar-se e também seria totalmente capaz de imaginar como Lújin funciona em outros registros. No entanto, ele não quer se sobrecarregar com isso. Lembro aquilo que Raskólnikov diz a Lújin:

> "Mas por que você está tão preocupado?" – disse de repente Raskólnikov – "tudo isso é a aplicação de sua própria teoria! [...] Sim; a conclusão lógica do princípio que você expunha agora há pouco é que se pode assassinar [...]."
>
> "Uma ideia econômica, que eu saiba, ainda não é uma provocação ao assassinato [...]"
>
> "Por acaso é verdade – interrompeu Raskólnikov com voz trêmula de cólera, mas cheia de alegria hostil –, "é verdade que você disse à sua noiva [...] quando ela aceitou seu pedido, que o que o tornava mais feliz [...] era o fato de ela ser pobre, pois é melhor casar-se com uma mulher pobre para poder dominá-la depois e lançar-lhe ao rosto todos os benefícios com que ela foi cumulada?"[42]

Recapitulo, portanto, as características da interpretação da defesa perversa:

---

42 Ibidem, v. 1, p. 293.

CRIME E CASTIGO

1. preocupação com a acolhida;
2. desprendimento;
3. preocupação com a verdade;
4. implacabilidade;
5. a cólera e a consideração de *seus próprios afetos* pelo terapeuta (uso da contratransferência);
6. e, a partir de seus afetos, a imaginação para adivinhar o real que está por vir.

Eu disse que Porfiri é o duplo de Raskólnikov. O bom duplo. Isso se revela sobretudo no fim, quando Porfiri se empenha em atenuar a pena de Raskólnikov caso ele se entregue à justiça. Engajamento que ele cumprirá.

Porfiri, evidentemente, estima Raskólnikov. Ele o compreende bem. Compreende-o bem, pois Raskólnikov é, sob certos aspectos, aquilo que ele foi – antes de se tornar prematuramente velho e de flertar com o cinismo. De certo modo, Porfiri quer proteger Raskólnikov de si mesmo, quer evitar que ele se torne completamente louco. Salvando Raskólnikov, Porfiri põe a salvo algo de si mesmo, algo que Raskólnikov faz reviver nele: o amálgama entre paixão, desmesura e generosidade. Raskólnikov é o recalcado de Porfiri. Mas, para que Raskólnikov tenha uma chance de estar novamente em contato com aquilo que o juiz de instrução adivinha nele, é preciso que Porfiri vá buscá-lo além de suas defesas perversas.

Quando falo de defesas perversas, não penso nas fanfarronadas de Raskólnikov, presentes, por exemplo, em seu primeiro encontro com Porfiri, encontro desejado por ele e possibilitado por Razumíkhin. Aquela teatralização na qual ele se obriga a desempenhar um papel é aquilo que é designado pelo conceito psicanalítico de *falso self*. Em Raskólnikov essa "personalidade-farjuta" é observada por um Supereu feroz. Este aponta as falhas da personagem, seus desvios em relação ao Ideal que deseja um jogo que apresente um homem desenvolto, sem estados afetivos, de inteligência aguçada, capaz de dominar tudo e – principalmente – ter total domínio sobre o outro e seu pensamento.

Evidentemente, em Raskólnikov, esse domínio sobre o outro e sobre seu pensamento fica no nível do desejo. Esse domínio nunca é uma estratégia ativa de envolvimento do outro para depositar suas angústias e sua insensibilidade – como em Svidrigáilov, o grande perverso do livro. Em Raskólnikov, trata--se mais de uma perversidade, ou seja, de uma *tentativa* sempre abortada de instaurar defesas perversas. Essa tentativa deixa entrever as falhas, as angústias e a confusão que nele existem. É essa confusão que Porfiri explora, é dessa confusão que ele quer libertar Raskólnikov – tomando para isso todo o tempo necessário. Mas de que confusão se trata exatamente?

Confusão e Teorias de Raskólnikov

A confusão em Raskólnikov reside em sua impossibilidade de fazer a distinção entre amor e ódio. A propósito, lembro a conversa que havia entre Razumíkhin e Dúnia sobre ele:

> "Você deu muitos detalhes interessantes sobre meu irmão e falou de maneira imparcial [...] Acho que você tem razão ao dizer que ele precisa ter uma mulher ao seu lado [...]."
> "Como? Ele não gosta de ninguém e talvez nunca venha a gostar" – interrompeu Razumíkhin.[43]

Essa indistinção entre amor e ódio é típica da psicose. O perverso a põe em jogo na sua relação com o outro. Nesse jogo, o exemplo mais banal é o da traição: aquele que se acreditava amigo, amado e amante revela-se odiento, assassino. O perverso goza o pavor causado no outro por essa transformação brutal que ocorre nele, sem transição, do amor ao ódio. Essa perturbação que ele provoca no outro e que o faz gozar – perturbação que acompanha o pavor da indistinção entre amor e ódio – é a exteriorização de seu mundo interior, da experiência que ele vive permanentemente. Experiência de sua impossibilidade de distinguir entre amor e ódio. Essa experiência que o atormenta, que é seu horror íntimo, é o lugar do qual o perverso olha o abismo da psicose que o espreita, que o alicia. E isso também ele exporta: o encontro com um perverso às vezes leva à loucura.

Foi certamente ao ler o artigo de Raskólnikov sobre o crime que Porfiri deve ter compreendido essa confusão. Refere-se a

---

43 Ibidem, v. 1, p. 389.

CRIME E CASTIGO

ele já no primeiro encontro dos dois, logo depois de ter prevenido Raskólnikov de sua intenção:

"O senhor é tão bom ator assim?" – perguntou Raskólnikov com displicência.
"O senhor nem imagine. *Espere só, que também o levo na conversa, ha! ha! ha!* Não, ao senhor vou dizer a verdade. A respeito de todas aquelas histórias de crimes [...] eu me lembro de um artigo seu, que, aliás, sempre despertou meu interesse. O título era 'O Crime', acho [...] Tive o prazer de ler há dois meses no *Discurso Periódico*."[44]

O que me parece importante destacar é o que Porfiri memoriza do artigo. Ele memoriza que:

"o culpado, no momento em que comete o ato criminoso, é sempre um doente. É uma tese originalíssima, mais, na verdade, não é essa parte de seu artigo, e sim um certo pensamento insinuado no fim. [...] No artigo em questão, todos os homens estão divididos em seres 'ordinários' e 'extraordinários'. Os seres ordinários devem viver obedientes e não têm o direito de transgredir a lei, visto que são ordinários. Os indivíduos extraordinários, porém, *têm o direito de cometer todos os crimes e de violar todas as leis pela simples razão de que são extraordinários.* É o que o senhor diz, ou estou enganado?"[45]

Ora, o texto de Raskólnikov – e ele se explica – tem outra dimensão. Ele diz:

"Não insinuo, como o senhor me atribui, que os homens extraordinários são obrigados a cometer todos os tipos de crimes. [...] Na minha opinião, se as descobertas de Kepler e Newton, em consequência de certas circunstâncias, só pudessem chegar ao alcance da humanidade por meio do sacrifício de uma, de cem vidas humanas ou até mais, que lhes opusessem obstáculo, Newton teria o direito e, muito mais, o dever de *eliminá-las* para possibilitar a divulgação de suas descobertas no mundo inteiro. [...] Todos os legisladores e os guias da humanidade, a começar dos antigos [...], todos, sem exceção, foram criminosos, pois, ao promulgarem novas leis, violaram, por isso mesmo, as antigas que até então tinham sido fielmente observadas pela sociedade e transmitidas de geração em geração [...] Quanto à minha divisão dos indivíduos em ordinários e extraordinários [...] ou então o rebanho cuja única função consiste em reproduzir seres semelhantes a si mesmos, e os outros, os

44 Ibidem, v. 1, p. 454-455. Grifo nosso.
45 Ibidem, v. 1, p. 456. Grifo nosso.

74 OS ENSINAMENTOS DA LOUCURA

verdadeiros homens, que gozam do dom de fazer ressoar *palavras novas* em seu meio. [...] [Os verdadeiros homens] transgridem a lei; são destruidores ou pelo menos seres que tentam destruir segundo seus meios."[46]

Em suma, Raskólnikov fala das dificuldades da mudança do quadro de pensamento, sobre o que nós já nos detivemos anteriormente[47] – o que é, realmente, uma questão gigantesca.

É evidente que a magnitude do texto de Raskólnikov não passou despercebida a Porfiri. Seu gênio foi adivinhar a tradução existencial dessas grandes ideias em um garoto de vinte e poucos anos que aceitaria o desafio de vivenciá-las. Adivinhar as angústias e as exigências de insensibilidade necessária para transformar em experiência concreta o que no artigo se apresentava apenas no campo das ideias. Ele dirá então a Raskólnikov – em Dostoiévski *tudo* é dito nos diálogos:

"Pensando no lado prático da questão. Se um homem, *um adolescente qualquer*, se imagina um Licurgo, por exemplo, ou um Maomé... – futuro, em potencial, está claro – e se põe a destruir todos os obstáculos que encontra... Dirá: estou empreendendo uma longa campanha e preciso de dinheiro. Aí se vira para conseguir recursos... o senhor me entende?"[48]

Portanto, Porfiri sabe. Trata-se então de levar Raskólnikov a admiti-lo. Para isso, Porfiri adota um método: desemboscar a angústia, os afetos no rapaz.

Porfiri sabe. E deixa isso imediatamente claro a Raskólnikov. Primeiramente na forma bem protocolar com a qual ele discute as razões de sua visita:

"O senhor deve apresentar uma declaração à polícia" – respondeu Porfiri com o tom mais formal.

Depois, por simples toques acrescidos regularmente ao longo das conversas:

"Há muito tempo eu esperava sua visita. [...] Até fiquei sabendo que o senhor parecia abalado *com alguma coisa. Mesmo agora, o senhor*

46 Ibidem, v. 1, p. 268, 269, 270; FOLIO, p. 457, 458, 459. Grifado no original.
47 Ver Raskólnikov, supra, p. 74s. Ver também, em meu livro *Cartas a uma Jovem Psicanalista*: Carta n. 28 ("Loup Verlet: A Cura Psicanalítica É uma Revolução do Quadro da Pensamento").
48 Ibidem, v. 1, p. 464. Grifo nosso.

CRIME E CASTIGO

ainda parece pálido [...] Delirando, *de verdade?* Está vendo?" – disse Porfiri *balançando a cabeça com ar afeminado*. "[...] Ao contrário, ao contrário. O senhor nem imagina como me interessa. Eu *acho tão interessante vê-lo e ouvi-lo... e, confesso, estou muito feliz porque o senhor finalmente decidiu vir*."[49]

Cabe lembrar as características da interpretação da defesa perversa: desprendimento, preocupação com a verdade, implacabilidade, consideração de seus afetos, adivinhar pela imaginação o real que está por vir. E a preocupação com a acolhida.

Observação evidente: se Porfiri *sabe* tão bem o que Raskólnikov sente, é porque pode, pelo menos minimamente, identificar-se com ele. Significa que ele conheceu, a seu modo, a invasão maciça da angústia consecutiva à indistinção entre amor e ódio. Angústia conhecida também muito cedo por aqueles que mais tarde se tornarão psicanalistas.

Após a longa tirada de Raskólnikov sobre a diferença entre homens *ordinários* e *extraordinários*, Porfiri pergunta se acredita em Deus e na ressurreição de Lázaro. Provavelmente para se informar sobre a extensão do campo de culpa de seu interlocutor. Essa pergunta marca Raskólnikov a tal ponto que, em sua primeira visita a Sônia, ele lhe pedirá que leia – guardem bem – o trecho sobre Lázaro nos Evangelhos.

Depois, Porfiri põe as cartas na mesa. Vai misturar a sua acolhida calorosa, amistosa, a implacabilidade de um tom *impertinente, irritante e descortês*[50]:

"desculpe minha preocupação natural de homem prático e bem-intencionado [...] se ocorrer um erro, e um indivíduo pertencente a uma categoria se imaginar parte da outra e começar a destruir todos os obstáculos, de acordo com sua feliz expressão, então [...] haverá muitos desses indivíduos que têm o direito *de degolar* os outros, desses indivíduos extraordinários, em suma?"[51]

Depois a frase já citada acima:

Pensando no lado prático da questão. Se um homem, *um adolescente qualquer*, se imagina um Licurgo, por exemplo, ou um Maomé... – futuro,

---

49   Ibidem, v. 1, p. 443, 446, 447 e 448. Grifo nosso, em itálico. Grifado no original: "de verdade?".
50   Conforme observa Razumíkhin, ao refletir no encontro com Porfiri.
51   Ibidem, v. 1, p. 461. Grifo nosso.

em potencial, está claro, – e se põe a destruir todos os obstáculos que encontra... Dirá: estou empreendendo uma longa campanha e preciso de dinheiro. Aí se vira para conseguir recursos... o senhor me entende?"

Posteriormente:

"Ao escrever seu artigo é impossível, he! he! que o senhor mesmo não tenha se considerado, pelo menos em parte, um desses homens extraordinários... Não é?" [...]
"Permita-me observar [...] que nunca me acreditei um Maomé nem um Napoleão..."
"Que é isso! Quem hoje não se acha um Napoleão aqui na Rússia?" – disse de repente Porfiri, em um tom terrivelmente familiar. Dessa vez, a própria inflexão usada para pronunciar essas palavras era muitíssimo explícita.

Sem esquecer isto:

"Será que não foi nenhum futuro Napoleão que na semana passada matou a nossa Aliena Ivánovna com uma machadada?" – deixou escapar Zamiótov, subitamente, de seu canto.[52]

Aqueles que conhecem a personagem do detetive de *Colombo*, representado por Peter Falk, hão de se lembrar que é exatamente no momento em que vai deixar o interrogado que ele volta atrás e faz a pergunta mais assassina. Tal como Porfiri que, para concluir, e com *uma alegria súbita* e, conforme diz, para não *se esquecer*, faz a Raskólnikov a pergunta-armadilha ao lhe indagar se ele vira os pintores ao subir as escadas. Ora, os pintores estavam presentes no dia do crime e não no dia em que Raskólnikov disse ter estado pela última vez em casa da usurária.
Portanto, Porfiri sabe. E Raskólnikov sabe que ele sabe. É nesse quadro que se desenrola o segundo encontro entre eles.

Porfiri Cuida de Raskólnikov

Raskólnikov fica surpreso por ter de esperar durante muito tempo na antecâmara de Porfiri em sua segunda visita. Está até bem disposto, mas a ideia de que o homem que o tratou de

---

52 *Crime et châtiment*, v. 1, p. 462, 464, 466, 467.

CRIME E CASTIGO

assassino no dia anterior não passava de alucinação agitou-o com tremores. A intensidade de seu ódio ao pensar em Porfiri é tanta, que os tremores param.

A acolhida do juiz de instrução é alegre e amável. Raskólnikov, entregue a sua desconfiança, demorará certo tempo para perceber que Porfiri não está de modo algum embaraçado, conforme ele acredita no início da conversa, mas, ao contrário, está completamente à vontade.

Diante do juiz, Raskólnikov torna-se imediatamente muito tenso – e então em tudo ele vê sinais. Especialmente a existência do corpo de Porfiri lhe é insuportável, chega a causar repulsa:

"Aquele corpo baixo, gordo e redondo" [...] as rugas da testa desapareceram de repente, relaxaram.[53]

É verdade que Porfiri está um pouco agitado, coisa que ele não procurava absolutamente dissimular, aliás. Tinha razões para estar agitado. O juiz de instrução acabara de receber a visita daquele que fustigou Raskólnikov, *o fantasma*, que lhe contou a visita ao apartamento, o som da campainha, as perguntas sobre as manchas de sangue. Porfiri já não tem dúvidas: foi Raskólnikov que matou a velha usurária. Sua maneira de andar nervosamente pelo aposento é um expediente para se acalmar, encontrar o tom certo para falar a Raskólnikov.

Portanto, ele acaba de esclarecer uma parte essencial do problema que tem a incumbência de resolver. Mas o criminoso, como tal, interessa-lhe pouco. Porfiri é inteligente demais para se limitar a encaixar pessoas em classificações, em categorias. O que lhe interessa é o crime, e cada crime, como ele diz, é único – tal como cada terapia.

O que Porfiri deseja é encontrar a demonstração *matemática* do crime. Mas, quanto a Raskólnikov, ele faz questão de que "o trabalho do magistrado (seja) uma arte em seu gênero" – como, aliás, deve ser a interpretação do psicanalista.

Em outros termos, Porfiri quer levar o homem, ex-estudante de Direito, a reconhecer os fatos, a aceitar o fim da partida.

A cena com o pintor Nicolai, que se acusa do assassinato, demonstra como Porfiri pode ser direto, brutal, sem

53 Ibidem, v. 2, p. 84.

contemplação. O que, por contraste, ressalta ainda mais a maneira muito especial, diferente até, empregada com Raskólnikov.

Evidentemente, seu amor-próprio deseja levar o jovem fora de série a admitir que foi desmascarado. Mas esse aspecto não é o que mais lhe importa. Para Porfíri, o mais importante é que Raskólnikov aceite que a guerra acabou. A guerra na qual ambos estão empenhados, claro, mas sobretudo a guerra que Raskólnikov trava contra si mesmo. Porfíri sabe que uma transgressão de tal magnitude transformou Raskólnikov, que ele se converteu no seu ato. O criminoso converte-se no crime e retirar-lhe seu crime é precipitá-lo em um vazio vertiginoso.

A principal preocupação de Porfíri é evitar o suicídio de Raskólnikov – que ele mencionará diretamente no terceiro encontro dos dois. Porfíri, portanto, está dividido entre duas intenções contraditórias: a de levar o rapaz a reconhecer seu crime; a de evitar seu desmoronamento.

O método escolhido para conciliar esses dois objetivos opostos é conhecido por Raskólnikov:

> [Porfíri] falava sem parar, sem dizer nada na maioria das vezes, despejava uma série de absurdos, frases estúpidas nas quais se insinuava de repente uma palavra enigmática, rapidamente afogada na torrente do falatório, sem pé nem cabeça.[54]

Antes de enunciar uma verdade de maneira frontal. Por exemplo:

> "vão começar entorpecendo sua desconfiança (segundo a feliz expressão do senhor) para depois lhe darem uma machadada na cabeça! he! he! he!"[55]

Apesar da imensa gentileza de Porfíri para com Raskólnikov, os efeitos desse método são devastadores, e Porfíri o reconhecerá em uma terceira conversa que eles terão. Confrontado com as resistências de Raskólnikov, o juiz de instrução se irritará e lhe revelará a sua tese que aponta o rapaz como o assassino[56].

54 Ibidem, v. 2, p. 89.
55 Ibidem, v. 2, p. 88.
56 Ibidem, v. 2, p. 95s.

CRIME E CASTIGO

Raskólnikov mergulha então no desespero mais completo: grita, dá socos na mesa, insulta Porfiri, trata-o por você. Porfiri fica realmente assustado com as consequências de seu furor.

Mas por que tantas considerações? Do que é feito o elo entre Porfiri e Raskólnikov?

Eu dizia que Raskólnikov é o recalcado de Porfiri. De fato, ao contrário de Raskólnikov, Porfiri não assumiu o risco de transgredir o quadro de pensamento dado pela sociedade de seu tempo, não se engajou em um processo de *travessia* do possível convencionado. Está consciente disso e sua maior preocupação é que o rapaz possa, ao contrário dele, ter uma vida viva depois do desastre.

Por ter enfrentado desafios semelhantes, embora situados em planos diferentes, Porfiri pode identificar-se com Raskólnikov. Ele é capaz de reconhecer – para além da loucura, para além do inchaço das pretensões, da arrogância, para além do Eu Ideal – as apostas na verdade de que Raskólnikov está imbuído e o novo Ideal do Eu desejado. Porfiri admira sua coragem – sem dúvida insana, mas de qualquer modo coragem – de se confrontar com essas questões, coragem de tentar inventar uma resposta absolutamente pessoal. Porfiri conhece, por experiência, a imensa solidão na qual está mergulhado aquele que é atormentado por tais exigências de verdade em relação a si mesmo. Esse conhecimento leva-o a se ligar em amizade com Raskólnikov – donde sua ternura. Mas isso não explica tudo.

O Segredo de Porfiri

Em Porfiri, as maneiras afeminadas são vestígios da guerra íntima que ele travou consigo mesmo e da qual saiu vencido. Não ter tido coragem de assumir a homossexualidade, ultrapassando todos os perigos, fará dele um velho prematuro. Isso ele diz a Raskólnikov:

"Veja bem, sou um solteirão."[57]
[...]

---

57 Ibidem, v. 2, p. 86.

80   OS ENSINAMENTOS DA LOUCURA

"Acredite neste velho, Rodion Românovitch (ao dizer isso, Porfiri Pietróvitch, que mal tinha 35 anos, parecia ter de fato envelhecido: até sua voz mudara, e ele de repente parecia encurvado) [...][58]
"Quem sou eu? Eu sou um homem acabado, nada mais. [...] Já o senhor é outra coisa."[59]

Raskólnikov, aquele homem tenebroso, impetuoso, impertinente, fora de série, feroz, provocador, fascina Porfiri, que toma-se de amor, toma-se de paixão, de desejo. Amor no qual se mesclam inveja e raiva, raiva e inveja engendradas pela impossível realização desse amor-paixão. Mas no homem apaixonado que é Porfiri o altruísmo acaba por triunfar:

"além disso, sou um homem sincero ... Sou sincero? – diga o senhor; o que acha? Acho que é impossível ser mais sincero, estou confiando--lhe essas coisas ... sem exigir nenhuma recompensa, he! he! he! [...]"[60]
"Digo-lhe que desejo com todas as minhas forças apagar a impressão que causei no senhor, reparar meus erros e provar-lhe que tenho coração. Garanto-lhe que sou sincero."[61]

A inveja e a raiva farão dele, às vezes, um homem mau, sádico, cruel. Maldade e crueldade nas quais se mesclam um desejo selvagem de penetração, de sodomia:

"Como o senhor é irrequieto!" – disse [Porfiri] com uma risadinha – "Não há meio de a gente se entender com o senhor, é uma ideia fixa. Não acredita em mim? Pois eu lhe digo que vai começar a acreditar; primeiro entrarão dez centímetros de fé e vou dar um jeito que o senhor acabe por me acreditar completamente, o metro inteiro passará, pois gosto do senhor sinceramente e lhe quero bem..."[62]

Mas o homem apaixonado fará ao rapaz enunciados identificadores que permitirão uma vida além do horror:

"Devo dizer que o considero um homem cheio de nobreza e até certo ponto um homem magnânimo [...] Aprendendo a conhecê-lo, comecei a sentir verdadeira afeição pelo senhor."[63]

58   Ibidem, v. 2, p. 95.
59   Ibidem, v. 2, p. 263.
60   Ibidem, v. 2, p. 95.
61   Ibidem, v. 2, p. 249.
62   Ibidem, v. 2, p. 102.
63   Ibidem, v. 2, p. 249.

82 OS ENSINAMENTOS DA LOUCURA

resultado de uma espécie de demência, e, no fundo, não é outra coisa. Sou honesto, Rodion Románovitch, e saberei cumprir minha palavra."[66]

Pode-se dizer, sem forçar a mão, que Porfiri faz um verdadeiro trabalho de terapeuta. Tendo reduzido a nada todas as defesas perversas, ele compartilha com Raskólnikov a contemplação do trauma em sua dimensão mais abjeta. É do centro da catástrofe que ele tenta recuperar o sujeito enterrado no meio do horror no qual ele se enfiou com delícias, lamaçal de onde ele tentará trazer de volta o rapaz à vida, à comunidade dos seres humanos.

Antes de concluir com aquilo que, do ponto de vista afetivo-sexual, constitui um elo entre Porfiri e Raskólnikov – o ponto de vista afetivo-sexual é aquele que Freud chama libidinal –, gostaria de considerar o elo entre os dois do ponto de vista do espaço aberto por Porfiri no mundo psíquico de Raskólnikov.

Porfiri vem libertar Raskólnikov da relação de pura coerção com um ideal que se transformou em pura imagem (em Eu Ideal). Graças a Porfiri, Raskólnikov pode entrever uma relação consigo mesmo em que a lei, sua própria lei, já não é cruel e persecutória, em que ela se torna um referente, um critério a partir do qual o outro e o mundo podem encontrar-se. Porfiri transforma o Supereu cruel em Supereu protetor,[67] e essa transformação se dá por constituição de um espaço para o amigo. A constituição desse espaço é resultado de todo o trabalho psíquico feito por Raskólnikov, graças a Porfiri, dentro da relação entre os dois. A existência desse espaço possibilitará que Raskólnikov reconheça a necessidade da amizade de Razumíkhin e depois a necessidade do amor de Sônia.

Acredito que o trabalho que Porfiri obtém de Raskólnikov, na qualidade de amigo, é um exemplo eloquente das dificuldades encontradas por um terapeuta para dar ao Supereu protetor direito de cidadania no mundo interior de um sujeito preso nas malhas do trauma. Aqueles que tiveram a ingenuidade de acreditar que eu incidia em angelismo ao propor, na esteira

66 Ibidem, v. 2, p. 261. Grifo nosso.
67 Cf. H.D. Macedo, Superego Celestina e o Superego Dulcinéia, op. cit.

CRIME E CASTIGO

[...]

"Quanto à sua ousadia, ao seu orgulho, à seriedade de seu espírito e a seus sofrimentos... já os adivinhei há muito tempo!... *Todos esses sentimentos me são familiares*, e seu artigo me pareceu expor ideias bem conhecidas. Foi escrito com o coração aos saltos, com a mão febril e em uma noite de insônia, artigo ditado por um coração cheio de paixão contida. [...] Seu artigo é absurdo e fantástico, mas transpira tanta sinceridade! Está cheio de altivez jovem e incorruptível, ousadia do desespero... É sombrio, e isso é bom."[64]

[...]

"Não! Não desfaça da vida. Ainda há muita vida à sua frente. [...] O senhor está desconfiado e acha que quero lisonjeá-lo grosseiramente. Mas, diga uma coisa, por acaso já teve tempo de viver e conhecer a vida? [...] Perguntará o que acho do senhor? Pois bem, acho que é um daqueles homens que sorriria para os carrascos enquanto lhe arrancassem as tripas, caso conseguisse encontrar uma fé ou um Deus. Pois bem, ache essas coisas e viverá! Em primeiro lugar, há muito tempo que precisa mudar de ares. Em segundo, o sofrimento não é coisa ruim. Sofra! [...] Sei que o senhor é cético, mas se entregue à corrente da vida e não se preocupe com nada; ela o levará à margem e o porá de pé. Que margem será essa? Como posso saber? Só tenho a convicção de que ainda lhe restam muitos anos de vida. [...] Tenha coragem, não recue, por pusilanimidade, diante da grande ação que lhe cabe cumprir. Sentirá vergonha de ser covarde. [...] Sei que não acredita em mim, mas dou-lhe minha palavra de que vai voltar a ter gosto pela vida. Neste momento, só está precisando de ar, ar, ar [...] Deus o destinou a uma vida verdadeira. [...] Então, por que temer a mudança que ocorrerá em sua existência? *Não será o bem-estar que um coração como o seu haverá de lamentar*. E que importância tem essa solidão em que estará confinado durante muito tempo? Não é de tempo que se trata, mas do senhor mesmo. Torne-se um sol, e todos o verão. O sol só precisa existir, ser ele mesmo."[65]

Não devemos esquecer que todas essas palavras são sustentadas por uma promessa:

Passemos agora à segunda questão, que é a vantagem que o senhor teria em uma confissão; é incontestável. [...] E eu, juro-lhe por Deus, vou dar um jeito de conferir-lhe, perante o tribunal, todos os benefícios desse ato, que parecerá absolutamente espontâneo. *Prometo-lhe* que destruiremos toda essa psicologia e reduzirei a zero todas as suspeitas que pesam sobre o senhor, de tal modo que seu crime se mostrará como

64 Ibidem, v. 2, p. 251. Grifo nosso.
65 Ibidem, v. 2, p. 249, 251, 261, 262, 263, 264. Grifo nosso.

CRIME E CASTIGO

de Freud, uma teoria de um Supereu protetor associada à da alegria do pensamento poderão, espero, rever seu julgamento.

Abandonar uma cultura do mórbido para reconhecer o encontro com o outro como necessidade é uma passagem. E essa passagem é traumática. Tão dolorosa, que o psicótico, quando abandona seu delírio, está tão fragilizado, torna-se tão sensível às dores e às alegrias da existência, que pode preferir pôr fim à vida. Às vezes porque o lado intolerável não pode ser contido. Às vezes porque, não reconhecendo ainda a vida como um conjunto de momentos precários, o psicótico opta pela morte para não comprometer a experiência de plenitude que está atravessando.

Lembro-lhes aquilo que dizia anteriormente: para uma teoria da interpretação das defesas perversas, é preciso considerar a calma, o desapego e a implacabilidade. Gostaria de me demorar na implacabilidade. Para isso, precisarei fazer uma digressão.

Nunca gostei da palavra culpa usada como conceito. Sem outro recurso, aceitei a diferença proposta por Melanie Klein entre boa e má culpa, como solução provisória. Os ressaibos religiosos que a palavra carreia me parecem insuportáveis. Tal como Winnicott, não gosto de transformar em ferramenta metapsicológica uma ideia contaminada por sua qualidade mórbida. Todos sabem como a circulação da culpa em uma relação é devastadora e estéril. Eu abordei essas dificuldades ao refletir sobre *Shoah*, filme de Claude Lanzmann. Diante da exigência de pensamento em uma situação-limite, o que é convocado não é uma eventual culpa, mas nossa inteira responsabilidade. Se no limiar de tal situação a responsabilidade estiver ausente, então haverá ódio. Tanto o proveniente do outro quanto o meu, enraizado na ferida incurável de um autoengano.

Porfiri pode ser implacável porque se sente responsável pelo destino de Raskólnikov. (Como Claude Lanzmann se sente responsável pelo trabalho de memória que realiza em seu filme *Shoah*). Porfiri não busca cumplicidade nem gratidão. O que ele busca é fazer a morte converter-se em vida, fazer a morte ser o horizonte comum, e não um emblema pregado na ruína de um narcisismo.

Para concluir, voltemos ao funcionamento libidinal de Porfiri. Eu disse que Raskólnikov é o duplo de Porfiri. Contudo

84 OS ENSINAMENTOS DA LOUCURA

é também seu outro dessemelhante. Porfiri gosta dele como gostaria de amar a vida, com a mesma intensidade com a qual amou a vida outrora. Raskólnikov é seu sol, sua esperança, sua redenção, sua desforra.

Em *Recordações da Casa dos Mortos* há a apresentação espantosa de uma paixão homossexual. Ela demonstra, mais uma vez, a compreensão aguda que Dostoiévski tinha dos processos inconscientes. Mas, principalmente, essa paixão fornece uma chave suplementar para esclarecer o sentido da relação de oposição e complementaridade dessas personagens que permeiam a obra aos pares (Raskólnikov e Porfiri, Míschkin e Rogójin, Ivan e Smérdiakov). Isso porque aqui a relação entre os dois homens tem a particularidade de *se organizar manifestamente em torno do massacre da sexualidade de uma mulher.*

É um detento que conta ao outro. Em uma aldeia onde morava, seu amigo gaba-se de ser amante de uma jovem. Convence o futuro detento a sujar de piche a porta da casa de Akulka, que é o nome da jovem. Os pais, para punirem a filha pela desonra que ela lhes impinge, espancam-na regularmente várias vezes por dia. Algum tempo depois, o futuro detento aceita, em troca de dinheiro, casar-se com Akulka e, então, surpresa, *ela ainda era virgem*. O futuro detento sai proclamando isso por toda a aldeia: portanto, seu amigo era um crápula; Akulka chorava de alegria, seus pais lhe pediam perdão. Mas o amigo convence o futuro prisioneiro de que ele não passa de um trouxa, que estava bêbado na hora do casamento e que não conseguiu ver nada, que foi ludibriado. Então o marido, ao voltar para casa, começa a espancar a mulher de manhã, de noite e a qualquer hora – era o preço da amizade pelo amigo, o amante. Bate na mulher e proclama sua amizade pelo amigo.

Eis que um dia o amigo se atira aos pés de Akulka na rua, proclama seu amor e lhe pede perdão por todas as calúnias que fizera circular. Ela o perdoa e diz ao marido que ama o outro *mais que tudo no mundo*. Então ele acaba por degolar Akulka, mas não degola direito, e ela se arrasta até perder todo o sangue[68].

---

68 Le Mari d'Akoulka, *Souvenirs de la maison des morts*, Henri Mongault (trad. et notes), Louise Desormonts (trad. et notes), Paris: Folio, 1977 p. 344s.

CRIME E CASTIGO

O espantoso é a representação que emerge dessa história: dois homens maltratam uma mulher até o assassinato para puni-la de despertar neles o desejo sexual. Mais tarde, por duas vezes, será encontrado na obra o mesmo enredo cruel, em que a paixão amorosa entre homens engendra a loucura. Embora o aspecto monstruoso continue reconhecível, ficará camuflado, ao contrário da história de Akulka, o fato de que, juntos, eles cometem o massacre de uma mulher, cuja agonia eles mantêm, e da qual extraem um gozo que confirma o elo entre ambos[69]. Note-se que Dostoiévski ressalta o amor de Akulka pelo caluniador; observação clínica espantosa: ela sabe reconhecer a força de um desejo que o homem não conseguiu suportar, desejo que fez seu mundo interior despedaçar-se inteiramente.

Ao sair de seu terceiro encontro com o juiz de instrução, Raskólnikov *precipitou-se ao encontro de Svidrigáilov*.[70] A sutileza clínica de Dostoiévski é fantástica. De fato, isso nos é demonstrado: ou Raskólnikov aceita a proposta de Porfiri ou opta pela hipótese de Svidrigáilov. Porque, se Raskólnikov é o recalcado de Porfiri, Svidrigáilov é o recalcado de Raskólnikov.

4. SVIDRIGÁILOV

O Assassinato Sem Culpa

No fim de meu comentário sobre Porfiri, anotei:

"Ao sair de seu terceiro encontro com o juiz de instrução, Raskólnikov *precipitou-se ao encontro de Svidrigáilov*. A sutileza clínica de Dostoiévski é fantástica. De fato, isso nos é demonstrado, ou Raskólnikov aceita a proposta de Porfiri, ou opta pela hipótese de Svidrigáilov. Porque, se Raskólnikov é o recalcado de Porfiri, Svidrigáilov é o recalcado de Raskólnikov."

Também seria possível formular as coisas de outro modo. Pode-se dizer que Raskólnikov está diante de uma escolha psíquica: ou aceita a proposta de Porfiri, proposta defendida a seu modo por Sônia, ou deve inventar uma resposta para resolver o impasse no qual se encontra. O suicídio, evidentemente, é a

---

69 Míschkin e Rogójin, em *O Idiota*, assassinam Nastássia Filípovna.
70 *Crime et châtiment*, v. 2, p. 267.

86 OS ENSINAMENTOS DA LOUCURA

possibilidade menos provável. Raskólnikov certamente estaria de acordo com Wood Allen e diria que o problema do suicídio é que ele nunca é uma resposta adequada para a questão que supostamente deverá resolver[71].

Ora, a questão que Raskólnikov tenta resolver diz respeito a seus ideais em relação a si mesmo e à maneira de estar vivo. Embora, após o assassinato da usurária e de sua infeliz irmã Lizaveta, ele duvide de que é um homem extraordinário, está longe de rejeitar a ideia de encontrar uma resposta *extraordinária* para o conflito que vivencia. Evidentemente, pode-se insistir no orgulho do rapaz ou no Supereu implacável que o esmaga – como já assinalei. Mas são aspectos secundários em relação à questão principal – não renunciar a uma representação de si mesmo de acordo com seu ideal. Confrontada com essa questão, a ideia do suicídio é uma baixeza, uma covardia, uma facilidade, uma traição obscena[72].

Isso não quer absolutamente dizer que em Raskólnikov o risco de suicídio esteja descartado. Dostoiévski, várias vezes, indica que isso poderia ter acontecido. Entretanto, teria sido a consequência de um ímpeto, em um momento de dor intolerável, e não uma escolha, uma decisão entre outras possíveis.

A decisão de Raskólnikov, que é ajudado nisso por Porfiri e Sônia, nós a conhecemos. Demonstrarei como ela é extraordinária, heroica – portanto, de acordo com seu ideal – e arriscada, arriscadíssima. Verão, então, como minha interpretação de sua escolha nos levará longe das concepções sentimentais que muitas vezes foram propostas para compreender o final do livro.

Enquanto isso, vamos falar da solução Svidrigáilov. Ela é uma possibilidade que Raskólnikov não para de considerar. E, em vista dos termos nos quais ele formula seu próprio conflito, essa solução é certamente a mais íntima e a mais tentadora. Ela é a tal ponto familiar e inquietante, que Raskólnikov encontra Svidrigáilov por uma alucinação. Citando:

71 W. Winnicott diz: "O suicídio não traz solução, apenas a cessação do combate", em W. Winnicott, Rêver, fantasmer, vivre, *Jeu et réalité, l'espace potentiel*, Paris: Gallimard, 1975.

72 É o que diz Raskólnikov a Sônia. O relato que Svidrigáilov faz dessa conversa, Svidrigáilov cujo cinismo e cuja inveja são uma garantia de objetividade, atesta a persistência no rapaz dessa maneira de formular as questões em jogo nos seus tormentos.

CRIME E CASTIGO

"Será que é a continuação do sonho?" – pensou mais uma vez Raskólnikov, considerando o visitante inesperado com ar atento e desconfiado.

"Svidrigáilov! Que absurdo! Impossível" – disse finalmente em voz alta, estupefato.

"O estranho não pareceu surpreso com aquela exclamação."[73]

Dostoiévski descreve assim o encontro. Ele é *como que o prolongamento de um sonho*, é assim um *desejo* de Raskólnikov. De fato, é curioso como esse primeiro encontro é escrito aqui: é como se Raskólnikov *reconhecesse* Svidrigáilov que ele nunca viu, como se o esperasse[74].

Raskólnikov se lembra muito bem do papel que Svidrigáilov desempenhou na vida de sua irmã Dúnia, e é exatamente esse amoralismo da personagem que o intriga e fascina. Essa curiosidade[75] e essa fascinação são anteriores ao primeiro encontro. É certamente por isso que Raskólnikov aceita ouvir Svidrigáilov, interessa-se pelo que ele diz.

Aliás, não ficará decepcionado. Svidrigáilov começa com uma defesa do caráter desmedido do desejo amoroso: *a razão é escrava da paixão*[76.] Considerado do ponto de vista do desejo, o homem é *uma* vítima, mais que *um monstro*. Será possível continuar sempre qualificando de monstruosidade uma ação que seja fruto de um desejo amoroso? – interroga Svidrigáilov. Ora, isso não deixa de ter ressonâncias em alguém que se recusa a considerar como *assassinato* uma ação que é fruto de uma *ideia superior*.

Na verdade, é sobre a questão do assassinato que Raskólnikov interroga Svidrigáilov. Este responde que, do ponto de vista formal, ele não assassinou sua mulher. Isso foi amplamente constatado. Apesar disso, ele se interrogou sobre sua responsabilidade moral naquela morte. Evidentemente, essa interrogação é feita sem nenhuma culpa. E isso a torna ainda mais forte. Raskólnikov, assim como Svidrigáilov, não sente nenhuma culpa pelo assassinato da usurária, mas, ao contrário dele, Svidrigáilov se questiona sobre sua responsabilidade moral.

73 *Crime et châtiment*, v. 2, p. 7..
74 A terceira parte termina com a entrada de Svidrigáilov no quarto de Raskólnikov. E ele se apresenta. No entanto, a quarta parte começa como citamos.
75 *Crime et châtiment*, v. 2, p. 10.
76 Ibidem, v. 2, p. 8.

88 OS ENSINAMENTOS DA LOUCURA

Após toda uma tirada sobre o masoquismo feminino[77], Svidrigáilov diz a Raskólnikov por que responde à *grosseria de suas perguntas:*

> "Porque não me interesso por nada em especial. [...] Confesso francamente que me entedio muito. [...] Não me preocupo com a opinião de ninguém."[78]

Tal como o *homem do subsolo*, Svidrigáilov pode entender todas as verdades porque um véu de indiferença cobre sua relação com o mundo, porque ele não tem mais nenhum amor-próprio. É isso que constitui sua força, e essa força cria um mal-estar no estudante. Raskólnikov aprende: se a indiferença a tudo – tal como ele mesmo quis ser indiferente diante da menina importunada pelo perverso no parque – possibilita entender toda a verdade, isso pressupõe a ausência de todo amor-próprio. Hipótese que ele, Raskólnikov, é incapaz de encarar – o que constitui, ao mesmo tempo, sua sorte e seu tormento.

Svidrigáilov fala em seguida de sua relação com a finada esposa. Se essa relação durou, foi porque o elo entre eles era feito daquilo que fixa um perverso: um elo de domínio. Marfa Pietróvna, sua mulher, guardou durante toda a vida um documento assinado falsamente por Svidrigáilov[79].

A solução perversa, solução que tenta Raskólnikov, pode pôr a psicose à distância. Mas a indiferença, o domínio e a erotização do ódio não são garantias absolutas nem dique definitivo contra o retorno do horror. Depois da morte da mulher, ou seja, depois do fim da relação de domínio, Svidrigáilov precisa lutar contra as alucinações. Isso é uma questão que surpreende Raskólnikov, e ele o diz:

> "Por que será que eu tinha a impressão de que deviam lhe acontecer coisas semelhantes?" – proferiu de repente Raskólnikov, assustado com suas próprias palavras assim que acabavam de ser pronunciadas. Sentiu-se *extraordinariamente comovido.*
> "Então o senhor pensou nisso?" – perguntou Svidrigáilov em tom de surpresa. "É mesmo? Ah! Eu bem dizia que tínhamos pontos em comum."[80]

---

77 Ibidem, v. 2, p. 10.
78 Ibidem, v. 2, p. 11-12.
79 Ibidem, v. 2, p. 14.
80 Ibidem, v. 2, p. 16. Grifo nosso.

CRIME E CASTIGO

A conversa continua e, evidentemente, Svidrigáilov está contente por poder falar francamente com alguém que o sabe ouvir. Percebe-se, então, que a relação de domínio que estruturava o relacionamento entre ele e a esposa não impediu um momento alucinatório quando da morte de um criado que ele maltratava. E, como Raskólnikov lhe propõe consultar um médico, ele retruca:

"Não preciso do senhor para me dar conta de que estou doente, se bem que na verdade não sei de quê. Ao que me parece, tenho cinco vezes mais saúde que o senhor."[81]

Ser Perverso Para Não Ficar Louco

Svidrigáilov aborda de maneira frontal a questão da perversão como defesa contra a psicose:

"O que se diz em geral?" – murmurou Svidrigáilov à maneira de solilóquio e inclinou a cabeça com um olhar enviesado. "Dizem: estás doente e, portanto, tudo o que te aparece se deve ao delírio. Não é racional, não tem lógica rigorosa. Admito que as aparições só se mostram aos doentes, *mas isso só prova uma coisa: que é preciso estar doente para vê-las, e não que elas não existem em si mesmas.*"

Raskólnikov irrita-se ao ouvir essa afirmação sobre uma questão que, pode-se apostar, atormenta-o:

"Não é sua opinião?" – continuou Svidrigáilov e considerou-o demoradamente. "Pois bem, mas não se poderia raciocinar do seguinte modo? Ajude-me! As aparições são de algum modo fragmentos de outros mundos, seus embriões. Um homem saudável naturalmente não tem nenhuma razão para vê-las, pois um homem sadio é *sobretudo um homem terreno, ou seja, material.* [Observe-se que essa frase retoma a estrutura argumentativa do *homem do subsolo*]. Portanto, ele deve viver, *para continuar na ordem,* a única vida deste mundo. [Em outros termos, segundo Svidrigáilov, sempre na filiação do homem do subsolo, a vida do homem normal é insípida, porque respeita as leis.] Mas [continua Svidrigáilov], assim que fica doente e *a ordem normal, terrena de seu organismo começa a avariar-se, a possibilidade de outro mundo começa*

81 Ibidem, v. 2, p. 18.

90 OS ENSINAMENTOS DA LOUCURA

a manifestar-se e, à medida que se agrava a doença, as relações com esse outro mundo tornam-se mais estreitas..."[82]

No discurso de Svidrigáilov, combinam-se uma visão romântica da psicose e a defesa da perversão – esta, supostamente, daria acesso a um mundo enigmático e transcendental, por meio da transgressão da ordem. Esse amálgama de desejo e transgressão a qualquer lei, sem que a culpa venha perturbar o prazer produzido, é a lenda fascinante que o perverso apregoa. Essa fascinação não deixou imune certos psicanalistas que reconheceram no desejo perverso o paradigma de todo desejo. Tal confusão se deve ao mau conhecimento ou à banalização de dois fatores importantes na perversão: a posição do ódio, mais precisamente da erotização do ódio, e a função defensiva da perversão contra o desmoronamento psicótico – que analisamos agora. Pobres perversos que, tomados ao pé da letra, encontram-se ainda mais excluídos da comunidade humana.

Voltemos a Svidrigáilov, que concluía dizendo:

"à medida que se agrava a doença, as relações com esse outro mundo tornam-se mais estreitas... *até que a morte o faça entrar plenamente nele*. Se o senhor acreditar em vida futura, nada o impedirá de admitir esse raciocínio"[83].

Mais uma vez admiremos o gênio clínico de Dostoiévski: ele propõe por meio de Svidrigáilov um *continuum* entre a perversão, a psicose e a morte. Estar na perversão ou na loucura é ter uma relação íntima com a pulsão de morte sem sua vertente mortífera. Raskólnikov deve entender bem o sentido daquilo que o visitante lhe diz, pois ele mesmo é atormentado por esse sentido. E tenta encerrar o assunto.

"Não acredito em uma vida futura" – disse Raskólnikov.
Svidrigáilov parecia mergulhado em uma meditação.
"*E se lá só houvesse aranhas ou outros bichos semelhantes?*" – disse de repente.[84]

---

82 Ibidem, v. 2, p. 19. Grifo nosso.
83 Ibidem. Grifo nosso.
84 Ibidem, v. 2, p. 19 e 20. Grifo nosso.

CRIME E CASTIGO

Raskólnikov pensou de Svidrigáilov, certamente com terror: "Ele é louco". De fato, é preciso ser louco para dar do futuro uma imagem na qual se conjugam o abandono e a imundície.

Para que não reste nenhuma dúvida sobre sua representação das coisas, Svidrigáilov convocará o tempo para negar a temporalidade, reduzir temporalidade a detrito. Impossível imaginar um tempo futuro que não seja inabitado, sem movimento, imobilizado desde sempre nos vestígios de todas as ausências e todos os esquecimentos. Svidrigáilov:

"Sempre imaginamos a eternidade como uma ideia impossível de compreender, alguma coisa imensa. Mas por que seria necessariamente assim? E se, em vez de tudo isso – imagine só –, houvesse apenas um *quartinho*, como uma daquelas cabines de banho das aldeias *bem esfumaçadas*, com teias de aranhas em todos os cantos: aí está a eternidade. Saiba que é assim que eu a imagino às vezes."

"Como! Será que não consegue ter uma ideia mais justa, mais consoladora?" – exclamou Raskólnikov *com uma sensação de mal-estar.*

Observe-se que, além do mal-estar, há um traço de ternura em sua interrogação. Sim, Raskólnikov conhece atualmente os mesmos tormentos que seu visitante.

Svidrigáilov responde com um sorriso vago:

"Mais justa? Quem sabe? Esse ponto de vista talvez seja o mais verdadeiro; e eu daria um jeito de ser assim, se dependesse de mim."[85]

Percebe-se que ele está profundamente deprimido e – o que será confirmado adiante nessa conversa – que ele já optou por se suicidar.

Svidrigáilov aborda então a questão do presente de dez mil rublos que pretende dar a Dúnia. Raskólnikov está estarrecido com a maneira insolente e ingênua com que a coisa é tratada pelo visitante. Ele o dirá, cometendo um lindo lapso: em vez de insolente – ele dirá ingênuo. Fineza clínica de Dostoiévski que aponta assim a irresponsabilidade infantil de todo perverso, irresponsabilidade que fascina e enternece frequentemente seus interlocutores[86].

85 Ibidem, v. 2, p. 19-20. Grifo nosso.
86 Cf. Ibidem, v. 2, p. 21.

92 OS ENSINAMENTOS DA LOUCURA

Depois, de maneira irresponsável, Svidrigáilov dirá como seu amor por Dúnia não passava de uma bobagem. A maneira brutal com a qual essas verdades são ditas traz à mente, mais uma vez, a fascinação exercida pelo perverso e a idealização de que ele pode ser objeto – exatamente por essa aparente liberdade de expressão das coisas mais íntimas, aspecto esse que é apenas consequência de sua indiferença para com tudo, do profundo tédio que rege suas relações com o mundo[87].

Por fim, ele fala daquilo que nós sabemos, retrospectivamente, ou seja, da opção pelo suicídio:

"decidido a fazer... certa viagem, gostaria de antes acertar diversas questões..."

E como Raskólnikov se interessa por essa viagem:

"Oh! é uma questão muito ampla... No entanto, se o senhor soubesse que problema acaba de levantar!" Acrescentou e partiu com um riso alto e breve.[88]

Ao sair, Svidrigáilov cruzou com Razumíkhin, na soleira da porta. Raskólnikov, depois de explicar rapidamente ao amigo quem é o visitante, declara:

"Não sei por que, mas estou com muito medo desse homem."

Depois pede a Razumíkhin que confirme a realidade da presença de Svidrigáilov em sua morada. E rapidamente dirá o que o atormenta: estar tão louco quanto ele, ter alucinações como ele. Raskólnikov:

"Pois bem... sabe de uma coisa... ainda me parece que só pode ser ilusão..." [Entenda-se alucinação.]

Depois:

"pareceu-me que talvez tivesse perdido a razão, de fato, que só tivesse visto um espectro... Quem sabe, talvez eu esteja louco, e todos os

87 Ibidem.
88 Ibidem, v. 2, p. 22 e 25.

CRIME E CASTIGO

acontecimentos destes últimos dias só tenham ocorrido na minha imaginação..."[89]

O segundo encontro entre os dois homens ocorre depois de uma breve conversa que eles têm no momento da morte de Caterina Ivânovna, mulher de Marmeládov e madrasta de Sônia. Durante essa conversa, Svidrigáilov dá a entender coisas que angustiaram Raskólnikov. Essas coisas são a confissão feita por Raskólnikov a Sônia de seu assassinato, confissão que Svidrigáilov ouviu através do tabique que separa seu quarto do quarto da jovem.

Esse segundo encontro ocorre em condições particularíssimas para os dois protagonistas. Raskólnikov acaba de despedir-se de Porfiri, que lhe anunciou que é ele o assassino. O encontro com Svidrigáilov, portanto, contém características essenciais em relação à opção que ele deverá fazer: ou seja, aceitar a proposta de Porfiri, que coincide com a de Sônia, e ir entregar-se como prisioneiro ou optar pelo cinismo que a solução perversa parece prometer como antídoto a qualquer sofrimento moral. É verdade que a realidade dessa promessa sofreu um duro golpe durante seu primeiro encontro com Svidrigáilov; mas continua em pé – embora ele a tema, como dizia ao amigo Razumíkhin. Quanto à "solução" Porfiri-Sônia, falaremos de seu sentido adiante. No que se refere a Svidrigáilov, esse segundo encontro precede de pouco tempo o seu reencontro com Dúnia, irmã de Raskólnikov, encontro crucial, questão de vida ou morte.

A caminho do encontro, Raskólnikov reconhece que

aquele homem exercia um misterioso poder sobre ele [...] será que ele esperaria algo novo dele, um conselho, um meio de achar uma saída?

Ele o associa a Porfiri e também a Sônia:

Aliás, Sônia lhe dava medo. Ela personificava a sentença irrevogável, a decisão irrecorrível. Ele precisava escolher entre dois caminhos: o seu e o de Sônia. Naquele momento, sobretudo, [ou seja, depois da última conversa com Porfiri] ele não se sentia em condições de enfrentar seu olhar. Não, valia mais a pena tentar a sorte com Svidrigáilov. Mas seria possível? Ele admitia, a contragosto, que Svidrigáilov *há muito tempo* lhe

---

89 Ibidem, v. 2, p. 27-28.

94   OS ENSINAMENTOS DA LOUCURA

parecia indispensável. No entanto, o que podia haver de comum entre eles? A própria devassidão dos dois era de essência bem diferente.[90]

Aí estão claramente postos os termos de sua relação com Svidrigáilov. Quanto à "solução" Sônia, constate-se que ela não é menos terrível, e é a esse aspecto que voltaremos adiante com Dostoiévski.

Os dois homens se encontram em um lugar sórdido, ambiente frequente em Dostoiévski para as conversas cruciais entre seus protagonistas, conforme observa Joseph Frank, seu biógrafo. Svidrigáilov estava visivelmente excitado; de leve, pois tomara apenas meio copo de vinho. Na verdade, essa excitação é devida à perspectiva de encontrar Dúnia.

Sexualidade Transformada em Loucura

Svidrigáilov dá o tom da conversa ao falar em como observou com frequência Raskólnikov na rua. Descreve um louco. Insidioso:

"Outras pessoas podem notá-lo, o que seria muito perigoso. No fundo, estou pouco ligando e não tenho a intenção de curá-lo, mas o senhor me entende."[91]

Imediatamente as cartas são postas na mesa, ambos têm urgência, o tempo urge para ambos[92]. Dostoiévski, que não despreza nenhum detalhe, não se esquecerá de apresentar a dimensão inquietante do duplo que existe entre as duas personagens. Ela é dada pela capacidade de identificação absoluta com o outro que cada um possui e que lhes permite o acesso direto ao desejo inconsciente de seu interlocutor. Esse procedimento é recorrente na obra e sempre mobiliza um sentimento de angústia insuportável. Ouçamos Svidrigáilov:

"Confesso que sua pergunta [do motivo de segui-lo] me parece tão complexa, que é difícil responder. Veja, por exemplo, agora, não foi só

90 Ibidem, v. 2, p. 268. Grifo nosso.
91 Ibidem, v. 2, p. 274.
92 Cf. *Crime et châtiment*, v. 2, p. 275.

CRIME E CASTIGO

de negócios que o senhor veio tratar comigo, *mas veio com a esperança de que eu pudesse dizer-lhe algo de novo*, não é? Confesse que é isso" – insistia Svidrigáilov com um sorriso maroto.[93]

Ora, é nesses mesmos termos que Raskólnikov pensou em Svidrigáilov ao ir ao seu encontro. E ele mesmo não deixa de indicar que conta com Raskólnikov para saber *algo de novo*[94], aliás, ele o convida a comer no seu prato! (Incrível Dostoiévski.)

As semelhanças entre Svidrigáilov e o *homem do subsolo* são numerosas. Ele chega até a dizer, como o *homem do subsolo*:

"Em certos momentos lamento não ser nada, nada... nem proprietário, nem pai de família, nem ulano, nem fotógrafo, nem jornalista. Às vezes é aborrecido não ter nenhum ofício."[95]

É também com essas palavras que o *homem do subsolo* aborda a questão da identidade. Mas, ao contrário dele, Svidrigáilov não teme a sexualidade:

"A libertinagem! Por que me incomodaria, diga, por favor? Por que fugir das mulheres, se sou um grande admirador delas? *Para mim, é uma ocupação, pelo menos.* [...] Essa libertinagem apresenta pelo menos um caráter de continuidade com a natureza, que não depende de caprichos – algo que queima no sangue como brasa incandescente, que só se extingue com a idade, e ainda assim dificilmente, a custa de muita água fria. Admita que é de algum modo uma ocupação."

Cabe notar, aqui também, que o quadro argumentativo é o mesmo utilizado pelo homem do subsolo, embora com outras palavras: natureza, tédio, desejo[96].

"Ah, lá vem o senhor! Admito que é uma doença como tudo o que é exagerado e, no caso de que tratamos, *sempre se passa dos limites permitidos.* Mas sem essa ocupação, a gente precisaria meter uma bala na cabeça."

Raskólnikov, evidentemente, está surpreso com essa reflexão:

93 Ibidem, v. 2, p. 276. Grifo nosso.
94 Ibidem.
95 Ibidem, v. 2, p. 277.
96 Cf. meu comentário anterior sobre *Memórias do Subsolo* (ver O Subsolo, supra, p. 1s), cuja personagem funda seus argumentos na demonstração dos limites da racionalidade científica.

96 OS ENSINAMENTOS DA LOUCURA

"E o senhor seria capaz de meter uma bala na cabeça?"

A pergunta perturba profundamente Svidrigáilov, que diz com asco:

"Ah! Pronto. Faça o favor de não falar dessas coisas" – acrescentou precipitadamente esquecendo-se de toda a fanfarronada. Até seu rosto mudara.[97]

Raskólnikov levanta-se.

Sufocava, *sentia-se mal* e se arrependia de ter vindo. Svidrigáilov lhe parecia o mais pobre, o mais indigente celerado que já existiu no mundo.[98]

Não acredito que se possa já dizer que ele começa o caminho que o levará à "solução" Sônia-Porfíri. Ele se levanta porque está constrangido em ouvir falar de sexualidade, pudico como é – como boa parte das personagens masculinas de Dostoiévski. A solução virá depois daquilo que ele ouvir agora, quando já não se tratará apenas de uma teoria justificativa da perversão, mas de sua prática.

O segundo tempo da conversa divide-se em duas partes: uma em que Svidrigáilov fala de Dúnia e outra em que, de maneira mais direta, ele pormenoriza suas práticas perversas. Retomarei em breve aquilo que se refere precisamente a Dúnia, quando me demorarei no encontro entre ela e Svidrigáilov. Da primeira ficarei, sobretudo, com aquilo que será dito por Svidrigáilov sobre as mulheres – o que nos será importante quando falarmos das mulheres em Dostoiévski.

Svidrigáilov começa com uma reflexão referente ao ciúme feminino. Menciona sua mulher, Marfa Pietróvna, para quem sua franqueza grosseira era uma espécie de garantia de fidelidade:

"Ela pensou: não pretende me enganar, porque faz essa declaração [de que teria aventuras] de antemão, e isso é o mais importante para uma mulher ciumenta."[99]

Somente para uma mulher ciumenta? Acredito que, por intermédio do ciúme, Dostoiévski nos convida a pensar o desejo

---

97 *Crime et châtiment*, v. 2, p. 278-279.
98 Ibidem, v. 2, p. 280.
99 Ibidem, v. 2, p. 282.

CRIME E CASTIGO

feminino que, de meu ponto de vista, sempre se conjuga intrincado com o amor. Em torno dessa questão – essa é minha leitura –, as grandes personagens femininas foram construídas em Dostoiévski: com uma nuance, já mencionada por mim várias vezes, de que há sempre uma clivagem entre sexualidade e amor em sua obra. E essa clivagem também é levada em conta na construção das figuras femininas.

Depois Svidrigáilov passa à homossexualidade feminina, e penso em sua importância no destino psíquico, na constituição da feminilidade em uma mulher[100]. Svidrigáilov indaga-se:

"Como Marfa Pietróvna se arriscou a contratar uma mulher tão bonita como governanta? Acredito que isso se explique porque ela era ardente e sensível, e também se apaixonou, sim, literalmente se apaixonou por ela."[101]

Se lembrarmos o escândalo feito por Marfa Pietróvna ao surpreender Svidrigáilov e Dúnia e, depois, os seus remorsos, a peregrinação a todas as famílias da aldeia para "limpar" a honra de Dúnia, constataremos que o pensamento clínico de Dostoiévski está muito próximo da concepção freudiana de paranoia e de ciúme[102].

Svidrigáilov fala em seguida do perigo da piedade nas mulheres. Observa:

"Quando a piedade toma conta do coração de uma moça, é perigoso para ela. É dominada pelo desejo de salvar, de raciocinar, de regenerar, de oferecer objetivos mais nobres à atividade do homem, uma vida normal."[103]

Pensa-se, evidentemente, na histeria – masculina e feminina, aliás. Mas o que a clínica me ensinou é que o primeiro homem que uma mulher escolhe por companheiro de vida está, com muita frequência, ou no lugar da mãe, ou é um homem que ela quer "salvar" de si mesmo, a quem ela quer levar à redenção.

---

100 Questão desenvolvida por mim em meu livro *Do Amor ao Pensamento* (São Paulo: Via Lettera, 1999), no capítulo VIII, intitulado "Dissociação Histérica e Trabalho da Transferência". (Ed. franc.: *De l'amour à la pensée*, Paris: L'Harmattan, 1994.)

101 *Crime et châtiment*, v. 2, p. 284.

102 Seu ódio por Dúnia seria apenas a projeção de sua atração homossexual, que é intolerável para seu ego.

103 *Crime et châtiment*, v. 2, p. 285.

Quando ele ocupa o lugar da mãe, encontra-se a relação de domínio na qual, por exemplo, a mulher fica radiante por ter aquele outro que lhe diz o que pensar e o que desejar. Relação de alienação em que ela se compraz, sufoca e se torna pequena e frágil.

Com o homem que deve ser salvo, é o sacrifício que entra em cena. A abnegação tem as rédeas, a insatisfação e a tristeza alimentam uma tensão permanente que flerta com a paranoia sob o manto das defesas maníacas. Essas duas figuras podem, evidentemente, combinar-se, e a irrupção do ódio nunca está muito longe.

A propósito desse ódio, é provavelmente a mulher do alcoólatra que nos revela melhor a formação reativa que essa "devoção" encobre. Penso na reflexão definitiva do saudoso François Perrier sobre a questão do álcool, que infelizmente ele conhecia muito bem. Essa reflexão foi por ele comunicada em uma conferência pronunciada sobre o alcoolismo no seminário de Piera Aulagnier, em Sainte Anne, diante de uma imensa plateia. Havia nele, naquele momento, no fim de sua vida, uma mescla patética de força e desespero que levam a pensar em Marmeládov, pai de Sônia. François Perrier: "Vocês querem saber o que é um alcoólatra, não é? Vou dizer de uma maneira muito sucinta: o alcoólatra é uma criança. Que só encontra mulheres fríííííígidas." O homem que a mulher assume a missão de salvar e aquele que ela põe na posição de orientador são crianças infelizes que ela acalenta, ao contrário da mulher do alcoólatra, que o tortura. Mas o funcionamento inconsciente do psiquismo não conhece contrários; a abnegação pela salvação do outro pode ser apenas um disfarce da tortura que lhe é infligida permanentemente.

O último ponto abordado por Svidrigáilov sobre a feminilidade diz respeito aos efeitos da lisonja sobre uma mulher. Diz ele:

"Um meio de subjugar o coração feminino, que não engana ninguém, mas nunca deixa de ter efeito: estou falando da lisonja. Não há no mundo nada mais difícil que a franqueza e nada mais fácil que a lisonja. Se à franqueza se mesclar a mínima nota desafinada, logo ocorrerá uma dissonância, e é um escândalo. Mas a lisonja, mesmo podendo não passar de mentira e falsidade, continua sendo agradável; é recebida

CRIME E CASTIGO

com prazer, prazer vulgar, se quiser, mas nem por isso menos real. E, por mais grosseira que seja, essa lisonja sempre nos parece encerrar uma parcela de verdade."[104]

Evidentemente, essa concepção retoma a do perverso Dom Juan, cujo ensinamento Svidrigáilov por certo conhece. No entanto, ela designa um ponto de complexidade na constituição do desejo feminino, o da integração entre a função fálica e o narcisismo. Essa integração, sempre complexa, é seriamente comprometida em uma mulher cuja mãe falhou como continente em relação às necessidades psíquicas da criança e depois durante a transmissão dos emblemas da feminilidade.

Desejo e Lisonja

Freud, que soube tão bem formular os principais impasses da sexualidade masculina, reunidos na recusa que há no homem de aceitar o feminino que existe nele, foi menos feliz em suas formulações sobre os impasses da sexualidade feminina. Embora tenha dado o fio condutor dessa reflexão ao ressaltar as dificuldades (na verdade, Freud falará de impossibilidade) que a mulher tem de se desfazer da inveja do pênis. Então veio o Movimento de Libertação da Mulher.

O movimento feminista da década de 1960 retomará essa elaboração no ponto em que Freud a deixara, e de maneira bastante revigorante. De modo, às vezes canhestro, selvagem e até caricatural, as mulheres de então, com agudeza, deixaram de lado a relação com o pênis para postular a problemática feminina em termos de sujeito, desejo e investimento do pensamento.

Esse trabalho concentrou-se nos aspectos sociais e políticos da posição atribuída à mulher na instituição da cultura. Denunciou as desigualdades de tratamento dado às mulheres e exigiu o reconhecimento de uma diferença até então negada.

Mas, embora os efeitos políticos e culturais do movimento sejam fecundos e inegáveis, do ponto de vista teórico não se foi muito além de uma sociologia ideológica. Ao se privilegiarem apenas os aspectos que lembrei, cuja importância é indiscutível,

104 Ibidem, v. 2, p. 287.

a questão do falicismo feminino não pôde ser tratada. Ora, na época Lacan também se afastava da teoria peniana para teorizar as relações entre o sujeito desejante e o falo, cuja metonímia é o pênis. Dirão: a cada um sua tarefa.

Sim e não. Em primeiro lugar porque Lacan nunca formulou a questão em termos de falicismo feminino; ao contrário, ele esvaziará a questão com uma *boutade*: a mulher não existe. Depois, porque estavam reunidas as condições na sociedade para que as mulheres daquele momento tentassem refletir sobre a afirmação radical do desejo e do pensamento como um aspecto psíquico fundamental na mulher. (Evidentemente, isso não tem nenhuma relação com as tolices inventadas na época sobre o pensamento feminino ou a escrita feminina etc.)

Do lado das psicanalistas, não fomos mais bem servidos. Existem aquelas, mais exatamente as culturalistas, que propuseram ideias bobocas como a inveja do seio ou do útero no homem – uma inversão pueril da concepção freudiana da inveja do pênis. Na França, teve-se direito a uma teoria naturalista sobre os dois inconscientes, ao que se soma a afirmação de que a mulher, para recalcar e ter um inconsciente, deve aceitar os movimentos reais de ida e vinda do pênis, sem o que ela continua presa nas armadilhas da natureza – "vaga concepção" que seduziu muitos psicanalistas homens, entre os melhores.

Toda essa digressão para voltar à verdade que está encerrada na ideia perversa sobre a lisonja como meio de sedução. O que essa ideia diz nada mais é que uma banalidade: todos gostam de ser estimados, admirados, reconhecidos em suas qualidades. Todos gostam de ser amados. Seja homem ou mulher, seja criança ou adulto. A atitude perversa consiste em mentir sobre os enunciados que todo sujeito espera, consciente e inconscientemente, que a vida lhe propicie, que um encontro enuncie. O apaixonado diz isso de seu(sua) amado(a) que é, para ele evidentemente, o ser mais maravilhoso do mundo. Isso seduz, está claro, mas – principalmente – essas palavras de amor enraízam o narcisismo no desejo. Dito isso, é verdade que a clínica psicanalítica confirma as hipóteses freudianas sobre uma fragilidade maior do narcisismo nas mulheres. Não é uma questão de natureza, mas decorre do fato de que a relação da menina com a mãe é muito mais complicada que a do menino com a mãe.

CRIME E CASTIGO

Logo, do ponto de vista do amor, portanto, da psicanálise – toda análise é uma história de amor –, o reconhecimento do valor desejante de alguém exalta o narcisismo ao mesmo tempo que celebra a vida. Para a mulher, há duas coisas em jogo que se apresentam simultaneamente no reforço do narcisismo: ter a força de seu desejo aceita e amada (coisa a que muitos homens têm dificuldade de responder) e ser reconhecida como outro, como alguém que tem pensamento próprio, ou seja, ter seu falicismo reconhecido. A decepção criada pelo perverso situa-se geralmente no primeiro nível: é uma decepção narcísica. Por mais dolorosa que seja, essa decepção deixa, porém, intactas as expectativas referentes ao ideal de receptividade de sua posição fálica. Mas, se a mentira perversa chegar à promessa de aceitação do desejo e da singularidade da mulher, então na decepção dessa expectativa desmoronam, ao mesmo tempo, os sonhos de completude narcísica e os sonhos de reconhecimento de legitimidade da posição fálica. Isso pode precipitar a mulher na loucura. Como Liza, que foi destruída pelo *homem do subsolo*.

Contudo, se a promessa vem de um homem apaixonado ou de um analista, as coisas não são nada simples para eles. Porque uma mulher cujo narcisismo é exaltado pelo amor, festejada em seu pensamento e seu desejo – portanto, falicizada –, tentará por todos os meios colocar o homem ou o analista na posição de boa mãe primária, aquela que aceita tudo e não a contradiz jamais, que é pura afirmação. Essa é uma estratégia para fazer cessar o desejo – a fim de economizar o gigantesco trabalho psíquico de sustentar uma posição fálica em harmonia com um encontro no qual o outro é reconhecido como diferente e uma abertura para novos possíveis. Esse tratamento do encontro é eminentemente inconsciente e é legítimo. Cabe ao homem ou ao analista saber manter sua posição.

Isso quanto à primeira parte do segundo tempo da conversa entre Raskólnikov e Svidrigáilov. A parte seguinte é horror puro: uma mulher que ele seduz no estilo mais don-juanesco, uma menina que se suicida, uma noiva de dezesseis anos incompletos ("mal chego lá boto-a no colo e não a deixo sair [...] Essa condição atual, de noivo, palavra, pode ser até melhor que a de marido"), uma menina de treze anos e sua mãe que ele conhece em um lugar duvidoso e que ele põe sob seu domínio...[105]

Em suma, a erotização do ódio.

Raskólnikov pensara que a solução perversa poderia poupar-lhe sofrimento, dar-lhe em relação à dor uma distância conferida pela indiferença. Ao ouvir Svidrigáilov, ele constata que ela implica a recondução permanente do assassínio. Está apavorado e teme por Dúnia.

A desqualificação da solução perversa tem como consequência a decisão de se entregar como prisioneiro.

> A profunda repulsa que sentia por Svidrigáilov impelia Raskólnikov a se afastar o mais depressa possível dele. Pensava:
> "Como pude ter a expectativa, a esperança de algo nesse homem vil e grosseiro, nesse devasso, nesse miserável!" [...] No que se referia à irmã, Raskólnikov continuava convencido de que Svidrigáilov não a deixaria em paz.[106]

O Inumano Faz Parte do Humano

O encontro entre Svidrigáilov e Dúnia nos mergulha no enigma do amor no perverso, enigma que já encontramos com o *homem do subsolo*. Dostoiévski solicita discretamente nossa vigilância ao introduzir esse encontro com uma reflexão que à primeira vista parece esquisita. Logo depois que Raskólnikov pensa que Svidrigáilov é um devasso e miserável, Dostoiévski escreve:

> No entanto, aquela opinião que ele assim proclamava era um tanto prematura e talvez infundada. Alguma coisa na maneira de ser de Svidrigáilov lhe conferia certa originalidade e o cercava de mistério.[107]

(Observa-se, de passagem, o respeito e o amor que Dostoiévski tem por suas personagens, todas as suas personagens. Observa-se também seu amoralismo. Essas são duas características da força de sua escrita.)

---

105 Ibidem, v. 2, p. 293.
106 Ibidem, v. 2, p. 302.
107 Ibidem.

CRIME E CASTIGO

Sejamos então atentos e sutis e falemos primeiramente de afeição. A afeição de Svidrigáilov por Dúnia já é perceptível na excitação que ele demonstra quando Raskólnikov o encontra no cabaré, logo antes de seu encontro com Dúnia. Depois, quando ele fala a Raskólnikov de sua irmã, o modo fanfarrão não encobre inteiramente a expressão dos sentimentos:

"Como [minha mulher] se arriscou a contratar uma governanta *tão bonita*? [...] Mas por que ela é *tão bonita*? [...] Os lampejos que os olhos de sua irmã podem lançar. Garanto que aquele olhar *muitas vezes me perseguiu em sonhos*. Cheguei a não conseguir suportar o frufru de seu vestido de seda. Juro que me sentia a ponto de ter um ataque apoplético; nunca imaginaria *ser acometido de tamanha loucura*. Em suma, gostaria de fazer as pazes com ela, mas a reconciliação era impossível."[108]

Aliás, o vínculo amoroso não é apenas perceptível em trechos da narrativa. Às vezes, ele é submerso pela paixão; como ao mencionar o casamento entre Dúnia e Lújin:

Tomado de impaciência, Svidrigáilov deu um violento soco na mesa.[109]

Certamente Svidrigáilov utiliza o cinismo para manter à distância seus sentimentos amorosos. Mas eu diria que é uma defesa secundária. A defesa mais importante é a tentativa de transformar seu sentimento amoroso em pura excitação erótica. Como se verá a seguir, essa tentativa malogra. No entanto, é assim que ele apresenta as coisas e é nelas que acredita, até certo ponto, pelo que diz. Por exemplo, ao falar de seu ímpeto em relação a Dúnia, ele declarará:

"Numa palavra, a coisa começou em mim por um violento capricho sensual."[110]

Svidrigáilov é um exemplo da economia da volúpia. A volúpia é um funcionamento psíquico do qual está excluída a satisfação. Nessa economia, *para que o sujeito tenha certeza de sua*

108 Ibidem, v. 2, p. 284, 288, 289. Grifos nossos.
109 Ibidem, v. 2, p. 289.
110 Ibidem, v. 2, p. 286.

104 OS ENSINAMENTOS DA LOUCURA

existência, exige-se que ele tenha sempre um elevado grau de tensão e que qualquer coisa se torne matéria-prima de tensão. Na economia da volúpia, portanto, mesmo a excitação sexual não passa de tensão e está *na posição* de uma excitação psíquica que não pode ser vivenciada como tal pelo sujeito. Mas Svidrigáilov malogra na tentativa de transformar excitação psíquica em pura excitação sexual ou mesmo em pura tensão.

É no exato momento em que deve reconhecer que Dúnia não o ama, que Svidrigáilov faz a descoberta fulminante de seu amor por ela. Se essa descoberta desintegra o pouco de mundo interior que lhe resta e confirma seu projeto de suicídio, é porque a irrupção do amor destroça a teoria inconsciente que rege seu funcionamento psíquico. E o que diz essa teoria? Ela diz que os elos se tecem com o fio do ódio e se conservam pelo medo que é mantido pelo domínio. A respeito, cabe lembrar aquilo que Svidrigáilov diz a Raskólnikov ao falar de Dúnia.

> "Na época eu estava tão *louco* por ela, que, *se ela tivesse dito*: 'assassine ou envenene' [sua mulher] eu teria feito isso imediatamente!"[111]

É como convicção que essa teoria inconsciente se apresenta à consciência. Isso por que, para Svidrigáilov, não há nenhuma contradição entre seu apego apaixonado e a montagem de uma armadilha, não havendo dúvida alguma, também, de que esse meio não atenuará em Dúnia eventuais sentimentos de ternura ou amor em relação a ele. Essa convicção está também atuando quando Dúnia o ameaça com um revólver; muito mais quando ela atira nele!

"Ela tenta me amedrontar, portanto me ama"

Poderia ser essa a frase inconsciente que sustenta a relativa indiferença de Svidrigáilov em relação ao furor de animal acuado em Dúnia[112]. Cabe apenas notar que a clínica psicanalítica ensina que a eficácia psíquica da convicção segundo a qual a violência e o ódio são o fermento do amor é muito mais disseminada do que comumente acreditam as pessoas.

---

111 Ibidem, v. 2, p. 289. Grifos nossos.
112 Haveria aí material para refletir sobre as relações entre a pulsão de domínio e a recusa da realidade.

CRIME E CASTIGO

Proponho que nos detenhamos um momento no ponto em que essa convicção se desintegra em Svidrigáilov, quando ela joga a arma:

De repente ela jogou a arma.
"Jogou a arma", exclamou Svidrigáilov espantado e respirou profundamente. Sua alma estava aliviada de um pesado fardo que talvez não fosse unicamente o medo da morte; no entanto, ele provavelmente teria dificuldade para explicar o que sentia. De algum modo era a libertação de outro sentimento mais doloroso, que ele mesmo não poderia definir.[113]

Esse fardo que se afastou de sua alma, essa libertação de outro sentimento são certamente efeito da irrupção fulgurante e fugaz de uma crença, a crença do fim da solidão pavorosa em que o perverso está imerso. Nesse momento, por mais efêmero que tenha sido, Svidrigáilov reconhece a realidade do amor. Prossigo no texto:

Aproximou-se de Dúnia e lhe enlaçou delicadamente a cintura. Ela não opôs nenhuma resistência, mas tremia como uma folha e o olhava com olhos suplicantes. Ele se preparava para lhe falar, mas seus lábios só conseguiram entreabrir-se em uma careta. Não proferiu nenhuma palavra.
"Larga-me" – suplicou Dúnia.
Svidrigáilov estremeceu. Aquele tratamento por *tu* não era o mesmo de pouco antes.
"Então você não me ama?" – perguntou ele baixinho.
Dúnia fez um sinal negativo com a cabeça.
"E não pode?... não me amará nunca..." – sussurrou ele com inflexão desesperançada.
"Nunca!" – murmura Dúnia.
Durante um instante, travou-se terrível luta na alma de Svidrigáilov. Seus olhos se fixavam na jovem com expressão indescritível. De repente, ele retirou o braço que passara em torno de sua cintura...

Sua convicção acabava de destroçar-se, impossível recusar o reconhecimento da realidade. Ele era um morto-vivo. Diz:

"Vá embora depressa [...] depressa, depressa" – repetiu Svidrigáilov ainda sem se mover, mas aquela palavra "depressa" ressoava terrivelmente. [Está claro que ele usava toda a sua energia para impedir-se de assassiná-la.]

113 *Crime et châtiment*, v. 2, p. 317.

OS ENSINAMENTOS DA LOUCURA

Depois que seu amor partiu:

Svidrigáilov ainda ficou três minutos junto à janela. Seu rosto se contorceu em um sorriso medonho [...] O revólver jogado por Dúnia havia rolado até a porta [...] Ainda era possível mais um disparo. Depois de um momento de reflexão ele o enfiou no bolso, pegou o chapéu e saiu.[114]

E ele se matará com a arma de Dúnia.

Ao sair na rua, dá com uma chuva torrencial. Dostoiévski deixa que ele se encharque, ele que desde sempre não sabe chorar. E andará pela cidade, figura alucinada, de casa em casa, distribuindo seu dinheiro antes de se matar.

Sua última noite é passada em uma espécie de mansarda, ou porão, ou... *subsolo*... lúgubre e sórdido. Mas, ao contrário do *homem do subsolo*, ele não insulta. Já não passa de um morto-vivo, é um cadáver sobre cujo corpo passeiam ratos bem reais. E o cadáver sonha com crianças mortas, com crianças prostituídas.

É verdade que não há espaço para a infância em um universo sem movimento, sem humor, sem surpresa nem espanto,

---

114 Ibidem, v. 2, p. 317-318. Uma de minhas pacientes se tornara amante de um homem que ela qualifica de viril, com quem ela tem uma sexualidade correta (*good enough*), melhor em todo caso do que a relação reduzida a nada que lhe é proposta por seu companheiro paralítico. O homem decide tudo e nunca pede sua opinião. Frequentemente é muito frio, avarento, mas também capaz de verdadeiras atenções com ela. Ela sempre tolerou esse domínio que ele tenta ter sobre todas as coisas, tolerância que se coadunava com o quadro que ela fixara para si em sua relação com ele. Ora, durante uma primeira e longa temporada que passam juntos, essas características se tornam insuportáveis para ela, que lhe dirá isso, encolerizada. Ele fica felicíssimo com sua reação e lhe confia um segredo: sempre desejou ser maltratado e humilhado por uma mulher durante a relação sexual. Será que ela se prestaria a isso? Muito surpreendida, mas comovida com a franqueza, que ela compreende de maneira justa, ou seja, como uma declaração de amor, pergunta-lhe por que não vai procurar uma prostituta. Ele afirma que é a primeira vez que ele pede isso e que o faz porque está seguro de que ela não ultrapassaria os limites do suportável. E acrescenta o seu temor: se ela atender ao seu desejo, ele nunca mais poderá prescindir dela. O extraordinário nessa história é como esse homem formula sua concepção sobre o amor ao mesmo tempo em termos de erotização do ódio (comunicação da fantasia perversa) e em termos de domínio (sua convicção de que será dependente dela para sempre). Habitualmente, é apenas um desses dois aspectos que se manifesta. Tal como a mulher, mãe de outra paciente, que aceitou viver com um homem que a ameaçava de seduzir e assassinar sua mãe se ela se recusasse aceitar seu pedido de casamento. Ela viveu a vida inteira com ele e lhe deu três filhos.

CRIME E CASTIGO

sem começo nem novidade. É por isso que o futuro e o tempo, como dizia ele a Raskólnikov, são uma coisa velha abandonada e morta...

Para o gesto final, Dostoiévski terá a generosidade – e o gênio – de devolver a Svidrigáilov a coerência de suas defesas perversas. Ele se matará, portanto, diante de um pobre soldadinho, procurando encontrar no olhar apavorado deste o reflexo do ódio que ele nutre por seu impensável sofrimento[115].

Falemos agora do risco da solução Sônia-Porfiri.

5. A SOLUÇÃO SÔNIA

Depois de ter deixado Svidrigáilov, Raskólnikov caminhou longamente perto do Nievá [...]. "Ali eu queria acabar com tudo, mas... não me atrevi"– dirá ele à irmã.[116]

Entre seis e sete horas da noite ele chega à casa da mãe. Tomou a decisão de se entregar à polícia e vai dizer-lhe adeus.[117]

A mãe está lendo pela terceira vez seu artigo sobre *os homens ordinários e extraordinários*. Menciono isso porque acredito que Dostoiévski dá essa informação para nos lembrar o quadro de pensamento no qual se desenrola a reflexão de Raskólnikov. Aliás, durante o encontro com a irmã, que se segue imediatamente ao encontro com a mãe, ele dirá:

"Crime? Que crime?" – exclamou ele num acesso de furor súbito. "O de matar um parasita nojento e malfazejo, uma velha usurária nociva a todo o mundo, um vampiro que sugava o sangue dos infelizes? *Não penso nele e não me passa pela cabeça pagar por ele. E o que é isso de ficarem gritando de todos os lados: cometeste um crime!*[118]

---

115 Svidrigáilov pensará que a fisionomia do soldado exprimia *"o sofrimento rabugento da raça judia"*. (F. Dostoiévski, *Crime et châtiment*, v. 2, p. 337. Grifo nosso.) Um pouco antes, ele dirá à Raskólnikov: *"Os judeus invadiram tudo; acumulam, escondem dinheiro..."*. (Ibidem, v. 2, p. 294. Grifo nosso.) Haveria aí motivo para nos determos no antissemitismo primário de Dostoiévski. A respeito, pode-se consultar David I. Golsdstein, *Dostoïevski et les juifs*, Paris: Gallimard, 1976 (col. Idées).

116 *Crime et châtiment*, v. 2, p. 345.

117 Ibidem, v. 2, p. 338.

118 Ibidem, v. 2, p. 347. Grifo nosso.

108 OS ENSINAMENTOS DA LOUCURA

Portanto, Raskólnikov não pensa absolutamente, como imagina a irmã, em *expiar* ou *resgatar* seja lá o que for.

"Sangue todo o mundo derrama" – prosseguiu ele com violência crescente. "O sangue sempre correu aos borbotões pela terra. *As pessoas o derramam como champanhe, depois sobem ao Capitólio e são tratadas como benfeitoras da humanidade.* Examine um pouco as coisas antes de julgar. Eu desejei o bem para a humanidade, e centenas de milhares de boas ações teriam compensado amplamente essa única tolice, ou melhor, essa falta de habilidade, *pois a ideia não era tão tola como parece agora. Quando não têm sucesso, os melhores projetos parecem estúpidos.* [...] *Malogrei desde o início. Por isso sou um miserável. Se eu tivesse sucesso, seria coroado, mas agora só sirvo para ser lançado aos cães.*"[119]

Pode-se notar que não há nenhuma diferença entre o que ele diz agora, alguns momentos antes de se entregar na delegacia como prisioneiro, e aquilo que ele se dizia antes do assassinato da velha usurária. Ele chega até a acrescentar um comentário, terrível comentário, com o qual só se pode concordar:

"Ah, eu não me ajustei à estética, *mas, decididamente, não entendo por que é mais glorioso bombardear com projéteis uma cidade sitiada do que assassinar alguém a machadadas* [...] *O respeito à estética é o primeiro sinal de impotência. Nunca senti isso mais do que agora: e continuo sem entender, entendo cada vez menos qual é meu crime!*"[120]

Se ele não se considera um criminoso, se ele não acredita na expiação, se não acredita tampouco em Deus:

"*Eu não creio, mas há pouco, estive com mamãe e choramos juntos*"

Então, por que vai se entregar?

"*Só agora percebo todo o meu absurdo*, meu absurdo covarde, agora que decidi enfrentar *a vã desonra. É por covardia e por fraqueza que decidi tomar essa atitude, ou talvez por interesse*, como aconselhava Porfiri."[121]

Portanto, Dostoiévski exclui a hipótese de puro prazer masoquista, pois fala em *vã desonra* dessa atitude. Em suma, o sentido da decisão de Raskólnikov está em outro lugar. Por

119 Ibidem, v. 2, p. 347, 348. Grifos nossos.
120 Ibidem, v. 2, p. 347. Grifo nosso.
121 Ibidem. Grifo nosso.

CRIME E CASTIGO

ora, as palavras que devemos gravar são "absurdo" e "fraqueza". Entrega-se porque se considera um "fraco", *um homem ordinário*. Como ele não é um homem extraordinário, tudo o que fez torna-se "absurdo". E, se tudo se torna absurdo, cabe admitir que há loucura naquilo que ocorreu. Portanto, Raskólnikov vai ao encontro de sua loucura. Mas, indo à polícia, o que faz ele exatamente?

Ao ir à polícia, ele toma um caminho cujo fim não conhece. Faz aquilo porque Sônia, respondendo a sua pergunta, lhe indica o caminho. Cabe, portanto, responder a duas indagações: primeiro, por que, depois de ter transformado Sônia em depositária de seu segredo, Raskólnikov lhe pergunta, precisamente a ela, o que fazer de seu fracasso? Em segundo lugar, que representação Raskólnikov tem do caminho pelo qual envereda seguindo as indicações de Sônia?

Ele oscila entre duas possibilidades. Às vezes se interroga de maneira bastante íntima:

"Será que estou preparado para sofrer as consequências do ato que vou cometer? Afirmam que preciso passar por essa prova!"[122]

Às vezes se deixa levar pelas representações mais generalistas: trabalhos forçados, tempo de prisão, ser um homem acabado ao sair... o último encontro com Sônia antes de se entregar à delegacia, encontro que se segue àquele que tivera com a irmã Dúnia. Não decide essa oscilação, mas oferece indicações preciosas.

A caminho para a casa de Sônia, onde chegará ao cair da noite, ele indica claramente que, se aceita essa prova – cujo sentido tentamos definir –, é porque reconhece que é amado:

"*Mas por que elas me amam tanto se não mereço? Oh! Se eu conseguisse ser só, só, sem nenhuma afeição, e se eu mesmo não amasse ninguém. Tudo teria sido diferente.*"[123]

De fato, se estivesse sozinho, sem nenhuma afeição, o ódio teria dominado tudo e a "solução Svidrigáilov" teria prevalecido. Portanto, depois da desqualificação dessa solução, o que o leva

---

122 Ibidem, v. 2, p. 349.
123 Ibidem, v. 2, p. 350. Grifo nosso.

110 OS ENSINAMENTOS DA LOUCURA

a tomar a decisão de ir à polícia para se declarar autor do duplo assassinato é o amor que sentem por ele, especialmente o amor de Sônia. Mas do que é feito esse amor?

Não teremos muitos indícios durante o último encontro antes da prisão. Raskólnikov pede a Sônia as *suas cruzes,* dizendo:

"Você mesma me mandou confessar publicamente no cruzamento. Por que esse medo agora?"[124]

Sônia, de fato, empalidecera ao observar atentamente o rosto do rapaz:

mas num instante ela compreendeu que o tom e as próprias palavras eram fingidos.[125]

É certo que Raskólnikov vai pegar uma cruz e fará, como lhe pedira Sônia, diversas vezes os sinais de contrição. E irá ao cruzamento da Siénnaia, se ajoelhará e beijará o chão – porque Sônia dissera que fizesse isso. Depois se entregará à polícia. Agirá desse modo para que o desejo de Sônia seja *cumprido*[126]. Mas, fundamentalmente, o que o preocupa e torna *furioso* é o pensamento de que:

"num minuto aqueles brutos vão me cercar, fixar os olhares em mim e me fazer todas aquelas perguntas estúpidas que precisarei responder"[127].

Mas, por que realiza então todas as recomendações de Sônia?

Ou seja, Raskólnikov segue as orientações de Sônia como um neófito segue os rituais que fazem parte da ordem simbólica da comunidade que o acolhe. Tal como, na África, ir apresentar-se ao ancião da localidade. Como o judeu que, para se tornar judeu, precisa cumprir os *mitzvot* – conjunto de prescrições contidas na *Torá*.

O que me parece fundamental salientar é que, ao seguir as orientações de Sônia, Raskólnikov aceita voltar para dentro de uma ordem simbólica. Ele sabe que

124 Ibidem, v. 2, p. 354.
125 Ibidem, v. 2, p. 354-355. Grifo nosso.
126 Ibidem, v. 2, p. 353.
127 Ibidem, v. 2, p. 354.

CRIME E CASTIGO

Sônia lhe pertenceria para sempre e o seguiria a todos os lugares.[128]

Mas onde ela o leva? Certamente não para a Sibéria. A Sibéria é a punição – que para Raskólnikov fica no nível anedótico. Qual é, portanto, o caminho que Sônia lhe indica e pelo qual ele envereda sem ter uma representação precisa de seu destino final? E por que Sônia? E, para começar, quem é Sônia?

Sabe-se muito pouco sobre Sônia. Ela é apresentada por Marmeládov em sua dimensão sacrificial: trabalha como prostituta para manter a casa e, principalmente, as bebedeiras do pai. Embora ocorra a hipótese masoquista, esta é rapidamente afastada assim que a personagem aparece em cena interagindo com outras.

Raskólnikov observará imediatamente sua candura, bondade, rosto infantil – voltarei a isso.

Dúnia, após o primeiro encontro com Sônia, diz à mãe que está

"segura de que ela é muito nobre e de que tudo o que se fala dela não passa de tolices!"[129]

Ao sair de seu segundo encontro, Dúnia

considerava Sônia com uma espécie de veneração [...] tinha a convicção de que o irmão não ficaria sozinho. [Sônia] o seguiria a qualquer lugar ao qual o destino o enviasse... [Dúnia] *não perguntara à jovem, mas sabia que seria assim. Depois de sua visita a Raskólnikov, a imagem da moça encantadora que a cumprimentara tão graciosamente ficara impressa em sua alma como uma das visões mais belas e mais puras que lhe tinham sido dadas pela vida*[130].

Graça, beleza e pureza. E, sem que ela dissesse uma só palavra, temos certeza de sua presença, de sua fidelidade, chegamos a venerá-la. Por quê?

Mais tarde, já nos trabalhos forçados, Raskólnikov não compreende

por que todos gostavam tanto de Sônia. Ela não procurava ganhar as boas graças deles; eles a viam raramente. [...] A jovem não lhes dava

---

128 Ibidem, v. 2, p. 359. Grifo nosso.
129 Ibidem, v. 2, p. 428
130 Ibidem, v. 2, p. 352-353. Grifos nossos.

OS ENSINAMENTOS DA LOUCURA

dinheiro, não lhes prestava serviços. [...] Quando ia visitar Raskólnikov que estava trabalhando entre companheiros e encontrava um grupo de prisioneiros indo para o trabalho, *todos* tiravam os bonés e a cumprimentavam. "Cara Sônia Semionóvna, és nossa mãe doce e caridosa", diziam os forçados, seres grosseiros e endurecidos, à *criatura pequena e frágil.* Ela sorria, retribuindo a salvação de todos, eles gostavam daquele sorriso. *Gostavam até do seu modo de andar* e voltavam-se para segui-la com o olhar quando ela ia embora, fazendo-lhe louvores. Louvavam até a *sua pequena estatura;* não sabiam mais que elogios fazer. Chegavam até a consultá-la em suas doenças[131].

Ser Poeira

Mesmo Svidrigáilov respeita e estima Sônia. A única pessoa que não a ama, que a acha esquisita, é a mãe de Raskólnikov[132]. Por certo como na anedota da mãe que causa admiração no filho ao lhe revelar quem é a mulher por quem ele está apaixonado: – Mas, mamãe – pergunta o filho –, como você adivinhou? – E a mãe responde: Porque eu já a detesto.

Caterina Ivânovna, do ponto de vista de sua loucura, afirmará como verdadeiros a pureza, o desinteresse, a retidão da jovem. Contrariando todas as evidências, ela defenderá Sônia contra as calúnias de Lújin e isso antes das duas testemunhas que destruirão o canalha[133].

O que Sônia pensa? Aparentemente, não muita coisa.

As cartas de Sônia [da Sibéria] *inicialmente pareceram secas demais a Dúnia e Razumíkhin.* Elas não os satisfaziam: mais tarde, porém, eles compreenderam que ela não podia escrever nada melhor, que, em suma, aquelas cartas lhes davam uma ideia *perfeita e precisa da vida de seu infeliz irmão,* pois estavam cheias de detalhes sobre a vida cotidiana. [Sônia] não falava de suas próprias esperanças, de seus planos futuros, nem de seus sentimentos pessoais. [...] Graças a essas informações extremamente detalhadas, eles logo acharam que estavam vendo seu infeliz irmão diante de si.[134]

Como compreender esse autoapagamento para que o real se faça presente?

131 Ibidem, v. 2, p. 384. Grifos nossos.
132 Ibidem, v. 2, p. 428.
133 Ibidem, v. 1, p. 170-171.
134 Ibidem, v. 2, p. 375-376. Grifos nossos.

CRIME E CASTIGO

O sofrimento do homem, evidentemente, é a mulher. Em Dostoiévski as mulheres, tal como deve ser, são a esperança dos homens. Apaixonadas pela verdade, elas exigem que eles sejam homens de palavra, que digam presente ao amor. Até aí tudo poderia se desenrolar da maneira habitual, ou seja, com a angústia que acompanha todo estado amoroso. No entanto, como já disse, a sexualidade é um pecado para Dostoiévski. Portanto, suas mulheres são ou fascinantes por assumirem a sua sexualidade – mas, com isso, sentem-se culpadas demais para se permitirem o amor –, ou deixam o sexo de lado e tornam-se loucas, ou figuras maternais. Por outro lado, em Dostoiévski, as mulheres não têm uma relação muito firme com o pensamento; embora encarnem a verdade ou a utilizem para denunciar a mentira ou a covardia no homem, em geral elas não produzem muito mais do que uma narrativa de bom senso. Em suma, em Dostoiévski as mulheres são ou histéricas, ou loucas histéricas, ou histericamente maternais. Uma vez que os homens são perversos ou psicopatas, psicóticos ou histéricos, avalia-se a dificuldade que têm suas personagens para viver verdadeiras histórias de amor. Portanto, não há *amor verdadeiro* em Dostoiévski; mas há, notavelmente descritos, os entraves que habitualmente impedem seu advento[135].

Nesse conjunto, Sônia é uma personagem à parte. Mas, afinal de contas, quem é essa Sófia Semiovena Marmeládova?

Sônia é poeira, insignificância, coisinha miudinha de tudo, uma nuvem. Leslie Kaplan, em um texto buriladíssimo e maravilhosamente apresentado pelas maravilhosas atrizes e diretoras que são Frédérique Lollié e Elise Vigier, escreve:

> Posso ser uma poeira
> não é desagradável
> uma poeira flutua
> leve
> no ar
> uma poeira
> sou só
> responsável de nada

---

135 Cf. o meu texto intitulado "O Amor Verdadeiro" publicado em meu livro *Cartas a uma Jovem Psicanalista.*

e flutuo
como uma nuvem minúscula
uma nuvem
ninguém lhe pede contas
uma nuvem se desloca
uma nuvem é deslocada
pelo vento
no céu
há uma cor
branco cinza preto
tem uma forma
e tudo
isso lhe basta e por isso
olhar as nuvens
acalma[136]

Sim, pode-se ser poeira, pode-se ser nuvem. Pode-se. Mas ainda é preciso tornar-se tais coisas. E isso não é dado a qualquer um. Porque, embora ser poeira não seja louco, é preciso que haja certa relação com a loucura para ser só isso, poeira, nuvem.

No filme de Wim Wenders sobre Pina Bausch, uma bailarina conta que Pina um dia lhe disse: "é preciso ser mais louca" – e isso mudou completamente sua maneira de dançar. Não se deve ter medo de ser ainda mais louca, mais louco, para se tornar nada.

E o que se torna quem se torna nada? Torna-se puro lugar: lugar de acolhida, lugar de passagem – depende. Essa indeterminação abre para o infinito e dá medo.

Ser nada, ser um lugar, exige deixar de ter amor-próprio. Já lhes falei dessa ausência de amor-próprio no *homem do subsolo* e em Svidrigáilov também. Eu observava então que neles essa ausência provinha da indiferença por tudo, provinha da insensibilidade. Dizia que essa ausência podia fascinar, e que essa fascinação podia ser a base da relação de domínio, da relação de alienação reivindicada pelo perverso.

---

136 Leslie Kaplan, *Toute ma vie j'ai été une femme,* Paris: POL 2008. Espetáculo encenado em Paris (2008) pela companhia Théâtre des Lucioles, com direção de Elise Vigier e Fréderique Loliée, Maison de la Poésie.

CRIME E CASTIGO

Não há nada de semelhante nas Sônias da vida. Nelas a falta de amor-próprio possibilita todas as identificações, é fonte de todos os interesses, base a partir da qual todos os horizontes podem ser contemplados, fundamento de uma hospitalidade absoluta, para a diferença e a singularidade radical do outro.

Lembro-lhes aquilo que Raskólnikov pensava sobre Sônia:

Aliás, Sônia lhe dava medo. Ela personificava a sentença irrevogável, a decisão irrecorrível. *Ele precisava escolher entre dois caminhos: o seu e o de Sônia.* Naquele momento, sobretudo, ele não se sentia em condições de enfrentar seu olhar.[137]

Por que a ausência de amor-próprio em Sônia causa tanto medo, cria distância, rechaça? Porque se desprender de todas as vaidades, abandonar as roupagens do Eu cria em Sônia um espaço que pode *conter* tudo. Cuidado quando alguém diz: é uma pessoa a quem se pode *dizer tudo*... cuidado porque esse alguém poderá talvez *ouvir tudo*. Há parentesco entre a posição Sônia, da boa mãe primária, e a posição exigida do psicanalista durante seu trabalho.

Os terapeutas sabem que poder *ouvir tudo* não significa não ter desejo ou não se preocupar com o sentido daquilo que se pensa e daquilo que se faz. A disponibilidade absoluta não impede a exigência ética, uma representação dos limites e da extensão do âmbito no qual se desenrola o encontro com o outro. O psicanalista tem sua metapsicologia; Sônia, sua religião – ou seja: cada um com sua teoria[138].

A concepção habitual de uma boa mãe primária privilegia o seu aspecto protetor. Esse aspecto existe e é bom ressaltá-lo. Mas a zona no qual uma boa mãe arcaica opera nos leva para as regiões mais enigmáticas da fabricação do ser e do sujeito. Aqui não há sacrifício, mas dom absoluto. Aqui não há paixão, salvo aquela que eu chamo de *puro desejo do desejo do outro*.

Certo dia, tive a intuição de que *a primeira identificação é uma identificação a um lugar*. Esse lugar é um lugar protetor no qual domina *o puro desejo do desejo do outro*: desejo que o sujeito

---

137 *Crime et châtiment*, v. II, p. 268. Grifo nosso.

138 A religião em Sônia não faz dela uma dogmática blindada por certezas. Nela, a religião é o suporte de uma liberdade que acompanha sem moralismo a aceitação do outro.

atinja sua singularidade absoluta, que ele seja único. Sônia é o lugar onde Raskólnikov poderá depositar pulsões, pensamentos, carências, dor, esboços de desejo. Mas isso tem um preço: aceitar que esse conjunto desordenado e fragmentado seja *tratado*, *interrogado*; ou seja: *interpretado* pelo quadro de pensamento do sujeito que acolhe esse depósito. O quadro de pensamento em Sônia, assim como em uma boa mãe arcaica, organiza-se a partir *do puro desejo do desejo do outro*. Ora, isso implica *necessariamente* que as interpretações dadas sejam levadas em conta, o que *exige* que as representações de ideais, depositadas nesse lugar psíquico, sejam confrontadas com *esse puro desejo do desejo do depositário*. Para isso é preciso que essas representações de ideais sejam consideradas antes de sua organização final – o que pressupõe que elas retrocedam ao momento de sua emergência. Enquanto recusa esse retrocesso, Raskólnikov ataca com ódio o ímpeto que o impeliu a fazer de Sônia a Testemunha.

O Encontro Entre Sônia e Raskólnikov

O romance vai bem avançado quando Dostoiévski faz Raskólnikov entrever Sônia. É durante a agonia de Marmeládov, um pouco antes de sua morte – nos braços da filha, aliás. Sônia está usando os extravagantes trajes de seu ganha-pão, que destoa naquelas circunstâncias. Apesar do horror que a situação lhe causa, pode-se observar que ela é:

bastante bonita, loira com maravilhosos olhos azuis[139].

Quando uma das filhas de Caterina Ivânovna, a mulher de Marmeládov, corre atrás de Raskólnikov para lhe pedir seu endereço, ele fica muito contente; *sabe* que foi Sônia quem mandou a criança.

Revê Sônia em sua casa. Ele a apresentará à mãe, à irmã e a Razumíkhin. Está cheio de entusiasmo, de vivacidade. Algo muito bem percebido pela mãe, que dirá a Dúnia ao falar de Raskólnikov e Sônia:

139 *Crime et châtiment*, v. 2, p. 343.

CRIME E CASTIGO

"Ele deve gostar dela."[140]

Ele também reencontrará o humor e a ternura, e mais tarde mexerá com o amigo Razumíkhin, adivinhando que ele está apaixonado por sua irmã Dúnia. Mas, visto que é apenas a segunda vez que a encontra, como nasceu esse amor em Raskólnikov? A causa não é certamente a fineza – e a coragem – de Sônia ao enunciar:

"O senhor nos deu tudo o que tinha ontem" – disse de repente Sônietchka, com voz baixa e rápida, baixando de novo os olhos. *O queixo e os lábios voltaram a tremer*. Ela ficara impressionada, desde que entrara, com a pobreza que reinava nos aposentos de Raskólnikov, e aquelas palavras lhe haviam escapado involuntariamente.[141]

Esse é o momento em que *Sônia começa a amar Raskólnikov*; com ele foi antes – cabe lembrar seu contentamento quando a menina o alcança para lhe pedir seu endereço por parte da irmã.

Parece verossímil que nosso herói tenha começado a amar Sônia depois daquilo que Marmeládov lhe disse sobre a filha. Aquela criança tão amada pelo pai, ou seja, o fato de um pai poder amar tanto sua filha, certamente é um elemento inconsciente fundamental no amor de Raskólnikov por Sônia. (Cabe lembrar que o pai de Raskólnikov é representado como ausente e indiferente no sonho do massacre do cavalo.) Essa possibilidade de amor é confirmada em seu primeiro encontro junto ao leito de morte de Marmeládov. Mas que característica de Sônia confirma essa possibilidade? Raskólnikov tomará consciência de que

seus olhos azuis eram tão límpidos e ao se animarem ganhavam tal expressão de bondade e candura que todos se sentiam involuntariamente atraídos por ela. Outra particularidade característica de seu rosto e de toda a sua pessoa: ela parecia muito mais nova do que era, criança apesar dos dezoito anos, e essa extrema juventude é denunciada por certos gestos, de maneira quase cômica[142].

É, portanto, essa promessa de infância que o atrairá para ela e o fará amá-la. Infância, lugar de todos os começos. Mas

140 Ibidem, v. 2, p. 428.
141 Ibidem, v. 2, p. 425.
142 Ibidem, v. 2, p. 343.

ele recusará durante muito tempo esse amor e só o aceitará depois de uma terrível hesitação; entrementes, fará como Razumíkhin descreveu finamente.

"Ele não gosta de revelar seus sentimentos e prefere ferir as pessoas com crueldade a mostrar-se expansivo."[143]

Durante a primeira visita que faz ao domicílio de Sônia, Raskólnikov imagina três hipóteses sobre a tenacidade de sua resistência a tantos sofrimentos: é suicida, louca ou se regozija no vício. Foi quando reconheceu nela a ilimitada tolerância e generosidade, qualidades que já adivinhara, mas com o secreto desejo de poder desacreditá-la,

ele se inclinou, curvou-se até o chão e lhe beijou os pés:
"Não é diante de ti que me inclino, mas diante de toda a dor humana."[144]

É depois disso que ele lhe pede que leia o trecho do Evangelho sobre Lázaro.

Mas, até o fim dessa visita, Raskólnikov terá dúvidas sobre a saúde psíquica de Sônia. Na sua atitude em relação à jovem, haverá a mesma crueldade do *homem do subsolo* em relação a Liza. Assim como o homem do subsolo, ele a fustiga, anuncia-lhe um futuro horrível, oprime-a com previsões medonhas. No início, por causa de Raskólnikov, trata-se de uma cena entre um assassino e uma prostituta em um cenário miserável. É graças à jovem, que não tem o rancor nem a desconfiança de Liza, que as duas personagens se humanizam, encontram-se, reconhecem-se intimamente. Raskólnikov, por defesa, não abandonará o tom desagradável, às vezes brutal. Mas, no fim, seu pedido, sua sensibilidade e sua franqueza formam um todo:

"Vem comigo... Vim por tua causa. [...] Você não aguenta mais [esta vida], *e se ficar sozinha enlouquecerá, assim como eu enlouquecerei*. Já parece meio privada da razão: portanto precisamos seguir o mesmo caminho lado a lado. Vem!"[145]

143 Ibidem, v. 2, p. 386.
144 Ibidem, v. 2, p. 67.
145 Ibidem, v. 2, p. 76-77. Grifo nosso.

CRIME E CASTIGO

Mais adiante no livro, Raskólnikov finalmente decide ir de novo à casa de Sônia, dessa vez para lhe confessar o crime. Vai para lá diretamente, ao sair do almoço oferecido por Caterina Ivânovna em memória de Marmeládov, no qual ele defendera fervorosamente a jovem das calúnias proferidas por Lújin, essa notável personagem do lixo. Durante seu discurso cheio de ardor e verdade ele chegou a afirmar claramente seu amor por ela ao declarar que *a honra e o sossego de Sônia eram muito preciosos para ele*[146].

Dostoiévski ressalta que seu herói *devia* revelar-lhe seu crime. Essa nota clínica indica bem que Raskólnikov se dá conta da necessidade, da urgência de falar a outra pessoa, se quiser evitar a loucura:

ele reconhecia ao mesmo tempo a impossibilidade absoluta em que estava não só de evitar essa confissão, mas até de adiá-la por um instante. *Não conseguia explicar a razão disso* e limitava-se a sentir que era assim, e sofria horrivelmente, esmagado pela consciência de sua fraqueza diante dessa necessidade[147].

Por que *esmagado*? Porque falar com outra pessoa implica o abandono da onipotência. Implica também o risco de que o outro a quem apresentamos nossas evidências não as compreenda, ou as considere estranhas ou desmedidas, ou… insanas. Raskólnikov sabe de tudo isso. Por isso, diante da casa de Sônia,

sua segurança o abandonou de repente, ele se sentiu fraco e temeroso[148].

Começou tentando tergiversar, obter cumplicidade. Pergunta a Sônia se ela seria capaz de eliminar Lújin, o lixo, para evitar sofrimentos a Caterina Ivânovna. Ela responde:

"Como seria possível que a existência de um homem dependesse de minha vontade? E quem me erigiria em árbitro do destino humano, da vida e da morte?"[149]

Essa resposta, evidentemente, é essencial para compreender tudo o que ela diz a Raskólnikov depois que ele revela ser o autor do assassinato.

146 Ibidem, v. 2, p. 181.
147 Ibidem, v. 2, p. 187-188. Grifo nosso.
148 Ibidem, v. 2, p. 187.
149 Ibidem, v. 2, p. 191.

A sequência da narrativa apresenta a dor psíquica sentida por Raskólnikov ao romper o silêncio, separar-se de sua onipotência, compartilhar seu segredo, vencer o medo de ser rejeitado, de ser considerado um louco. Dostoiévski, com razão, escreve a cena como uma declaração de amor, como o encontro amoroso entre dois seres nutridos de franqueza e verdade, ambos jogando no tudo ou nada.

No mesmo momento em que Raskólnikov está a ponto de compartilhar sua intimidade,

> Uma estranha sensação de ódio por Sônia atravessou-lhe o coração. Espantado, assustado até com aquela descoberta esquisita, ele ergueu de novo a cabeça e considerou atentamente a jovem; ela fixava nele um olhar preocupado e cheio de solicitude dolorosa; aquele olhar expressava amor, e seu ódio desvaneceu como um fantasma.[150]

Essa transformação súbita de ódio em amor, transformação súbita que define os movimentos daquilo que Freud chama de processos primários, é coisa frequente nas situações extremas – e a situação amorosa é uma situação extrema. No exato momento em que a necessidade psíquica da acolhida absoluta por parte do outro ocupa todo o espaço, o ataque ao elo é uma tentativa astuciosa de destruir o encontro e, ao fazê-lo, um meio de afastar o perigo, sempre possível, de ser rejeitado. O amor que encontra no olhar de Sônia sustenta Raskólnikov e permite-lhe reatar com seu desejo de falar. No limiar da fala, ele reencontra a totalidade da experiência do assassinato:

> quando, em pé atrás da velha, ele tirara o machado do laço, dizendo para si mesmo que não havia um instante a perder. [O puro real.] Ele não consegue proferir uma única palavra[151].

Sônia, como todo amado-amante, vem colocar-se

a seu lado sem deixar de olhar para ele. E então o pavor tomou conta de Sônia[152].

---

150 Ibidem.
151 Ibidem, v. 2, p. 192.
152 Ibidem.

CRIME E CASTIGO

Raskólnikov deposita em Sônia o horror que sente sem poder dar-lhe nome. Momento especial do encontro amoroso no qual os amantes formam um sujeito de duas pessoas. (Aliás, como em certas constelações do tratamento analítico.)

O intercâmbio continuará do seguinte modo: Raskólnikov deposita em Sônia o pavor que sente sem conseguir dar-lhe nome, que é incapaz de nomear, e ela o ampara para que ele possa avançar cada vez mais em sua fala; ela o ampara a partir de sua ignorância – ela não pode adivinhar nada.

No entanto, assim que ele lhe fez a confissão, parecia que ela já a tinha adivinhado.[153]

O momento seguinte é extraordinário. Impossível deixar de citá-lo por extenso:

De repente, [Sônia] estremeceu, como se tivesse sido atravessada por um pensamento terrível, deu um grito e, sem saber por quê, caiu de joelhos diante de Raskólnikov.

"Ah! *O que o senhor* fez? O que *o senhor fez* de *si mesmo*?" [Sônia fica de joelhos como Raskólnikov ficou em sua primeira visita] – disse ela desesperadamente e, levantando-se de repente, lançou-se ao seu pescoço e o abraçou com força. [Essa força indica que Sônia mudou de posição. De puro continente ela se torna sujeito integral.] Raskólnikov desvencilhou-se e olhou-a com um triste sorriso.

"Como você é estranha, Sônia! [...]Você está me abraçando e acaba de me beijar depois que eu confessei *aquilo*. Você não tem consciência do que faz!"

"Não, não, agora não há homem mais infeliz do que *você* na face da terra".

Depois, de repente, começou a chorar desesperadamente.[154]

Sônia não só acolhe os afetos inomináveis como também forja uma expressão de Raskólnikov cheia de vida (os psicanalistas chamam essas expressões de enunciados identificatórios). Note-se também que Sônia, nesse instante, passa pela primeira vez do *senhor* ao *você*. (Aliás, ela voltará ao tratamento mais formal durante essa conversa.) Em uma intuição genial, Sônia-Dostoiévski dirige-se à criança e fala da zona massacrada que há nele.

153 Ibidem, v. 2, p. 195
154 Ibidem, v. 2, p. 195-196. Grifado no original: "aquilo". Grifos nossos, em itálico.

Raskólnikov Já Não Está Sozinho

Um sentimento esquecido desde muito tempo veio relaxar a alma do jovem. Ele não resistiu: duas lágrimas brotaram de seus olhos e ficaram suspensas nos cílios.

"Então você não vai me abandonar, Sônia?" – disse ele com uma espécie de esperança.

"Não, não, jamais, em lugar algum" – exclamou ela. "Eu *te* seguirei em todos os lugares. [...] E por que, por que não te conheci antes? Por que você não veio antes?"

É ainda espantosa essa intuição – correta – de que se ela o tivesse conhecido antes o crime talvez não tivesse acontecido.

"Juntos, juntos – repetiu ela com exaltação, ainda a abraçá-lo. Eu *te* seguirei para os trabalhos forçados. [...] Mas como, como um homem como o *senhor* pôde decidir..."[155]

Raskólnikov vai então lhe falar da teoria que já conhecemos sobre os *homens ordinários e extraordinários*. Mas antes dirá:

"Só lhe peço uma coisa e só vim por isso: não me abandone! Não me abandonará? [...] Mas você pode me amar sendo eu assim tão covarde?"
"E por acaso você também não sofre?" – exclamou ela. O mesmo sentimento afluiu de novo para o coração do jovem e o enterneceu.[156]

Sônia garante-lhe que ela, que não entende nada, encontrará em si:

"a força de compreender, compreenderei tudo!"[157]

Notável essa convicção em Sônia de que do ponto de vista da ignorância é possível ter a compreensão do amado.

Então Raskólnikov vai soltar as palavras de roldão. Falará de sua miséria, sua solidão, seus solilóquios estéreis, do longo silêncio no qual esteve mergulhado:

"Há muito tempo que eu não dirijo a palavra a ninguém, Sônia." [...] Sônia compreendeu até que ponto ele sofria.[158]

---

155 IIbidem, v. 2, p. 196-197. Grifo nosso.
156 Ibidem, v. 2, p. 199.
157 Ibidem, v. 2, p. 200.
158 Ibidem, v. 2, p. 202.

CRIME E CASTIGO 123

Depois ele abordará suas teorias, muito complexas para Sônia. Ela não dizia nada, só ouvia.

Sônia compreendeu que aquele trágico catecismo constituía sua fé e sua lei.[159]

Notável a preocupação de Dostoiévski em fazer que Sônia compreenda com aquilo de que dispõe como ferramenta conceitual. E é assim que a grande inteligência da jovem se torna mais evidente. Então, talvez porque ela não fizesse nenhuma pergunta, talvez porque se limitasse a ouvir com o respeito e a abertura só possibilitados pelo amor e pela amizade, ele consegue dizer-lhe pela primeira vez, provavelmente também para si mesmo e de maneira bem sentida, o que até então não pudera ser pensável. Dirá:

"Eu só queria cometer um ato audacioso, Sônia; só queria isso: essa foi a motivação de meu ato!"[160]

Trata-se, pois, de um desafio que ele se lançava na esperança de obter autoestima. Um ato audacioso para remediar sua dificuldade de se amar, a solidão da criança que ele foi, a ausência de uma pessoa com quem falar. Esse ato de audácia, esse desafio lançado a si mesmo é, portanto, uma tentativa desesperada de autoengendramento, cujo nervo mergulha nas regiões mais arcaicas do ser.

"Quis matar, Sônia, sem casuística, matar para mim mesmo, só para mim."[161]

É a primeira vez que o assassinato é apresentado por Raskólnikov como um projeto *de ato gratuito* – o que, aliás, é totalmente coerente com suas teorias do homem extraordinário: ser capaz de cometer um ato sem nenhum sentido...

eu precisava saber, o mais depressa possível, se eu era um verme como os outros ou um homem[162].

159 Ibidem, v. 2, p. 204.
160 Ibidem, v. 2, p. 205.
161 Ibidem, v. 2, p. 206.
162 Ibidem.

Ou seja: escapamos *ao sentido* daquilo que fazemos. A urgência indicada (*o mais depressa possível*) remete à efervescência, à situação febril em que Raskólnikov está mergulhado; à necessidade imperiosa e imediata de uma descarga, à impulsividade do ato.

"Escuta, quando cheguei à casa da velha, só estava pensando em tentar uma *experiência*... Fica sabendo disso!"[163]

Raskólnikov não diz isso como justificativa. Ao contrário das personagens de *Caminhos da Liberdade,* de Sartre, cujo ancestral direto ele é; para ele essa característica (e Dostoiévski sublinha a palavra) é um agravante. A sequência do que ele diz o comprova:

"eu matei mesmo a velha? *Eu me assassinei a mim mesmo, a mim e não a ela, a mim mesmo e estou perdido para sempre!...*"[164]

Eis a magnitude do pedido que o conduz. Ele está morto e quer reviver. Donde a leitura de Lázaro quando da primeira visita.

"*Quanto à velha, foi o diabo que a matou, não eu...*"[165]

Essas duas últimas frases nos possibilitam compreender a afirmação enigmática, que retorna com frequência, na qual Raskólnikov rejeita a ideia de ser o matador da velha usurária – ao mesmo tempo que reconhece ser o autor de um assassinato. O que me parece importante ressaltar aqui é como o sentido de uma clivagem se aloja no afeto; como a descoberta do afeto pode reduzir a clivagem.

"Quanto sofrimento!" – gemeu Sônia.
"E então, o que devo fazer agora? *Fala*"– disse ele erguendo a cabeça e mostrando o rosto medonhamente decomposto.[166]

Sônia não faz nenhum julgamento sobre a pessoa de Raskólnikov. Ao contrário, reconhece e aceita imediatamente

---

163 Ibidem, v. 2. Grifado no original.
164 Ibidem. Grifo nosso.
165 Ibidem, v. 2, p. 207. Grifo nosso.
166 Ibidem. Grifo nosso.

CRIME E CASTIGO

seu sofrimento, e até – como eu dizia – adivinha que aquele sofrimento é o sofrimento de uma criança. Mas não hesita nem um pouco em qualificar sua ação como crime, insulto ao ser vivo, à humanidade. Em outros termos, embora não identifique Raskólnikov com sua loucura, Sônia considera que seu ato é insano. Ela lhe dirá exatamente o que acha que ele deve fazer para merecer ser reintegrado na comunidade humana. Suas propostas são simples, pueris até, mas Raskólnikov – que acabará por se submeter a elas por amor a Sônia – sabe que são *atos simbólicos* que o engajam em um processo em que seu quadro de pensamento e, literalmente, o sentido de toda a sua vida, serão inteiramente subvertidos.

A esse conjunto se soma um complicador gigantesco, porém frequente no estado amoroso. Esse complicador é sentido por Raskólnikov como sempre é sentido: dolorosamente.

> Ele olhava para Sônia e sentia como ela o amava. Mas, coisa estranha, *aquela ternura imensa de que ele era objeto causava-lhe subitamente uma impressão penosa e dolorosa. Sim, era uma sensação esquisita e horrível* [...] *Agora, que ela lhe dera seu coração, ele se sentia infinitamente mais infeliz que antes.*[167]

Por que essa dor, por que essa infelicidade? Porque o jogo do amor pressupõe que o amante reconheça no amado qualidades desconhecidas e recusadas por este, pressupõe, portanto, que ele aceite ser inventado e esperado em um além do quadro habitual em que ele mesmo se representa. Essa idealização inevitável do amado pelo amante, às vezes, em vez de alimentar o desejo do desejo do outro, pode ser vivenciada como esmagadora, como persecutória. A gama de respostas ao sentimento de perseguição vai do ataque ao elo, por meio do ódio, até a exigência de fusão ilimitada, que faz do outro um prolongamento do mundo interior do primeiro. Outra figura da angústia de ser tão amado é uma inibição maciça de qualquer manifestação de afeto; a impotência no homem e a frigidez na mulher são as formas sintomáticas mais conhecidas dessa resposta.

Os jovens terapeutas frequentemente ficam admirados quando o paciente pensa em interromper o trabalho analítico

---

167 Ibidem, v. 2, p. 209-210. Grifo nosso.

no exato momento em que se afasta da zona do trauma e em que parecem reunidas as condições para que as coisas andem melhor. Os pacientes, que sempre são muito sensíveis aos movimentos afetivos de seus analistas, podem sentir-se perseguidos pela alegria que estes sentem diante dos resultados parciais de um tratamento. O que os oprime é o medo de frustrar as expectativas e esperanças que acompanham tal alegria. Freud diz em algum lugar que ele não era suficientemente sádico para desejar o Bem de seus pacientes. A frase de efeito pode servir de advertência contra qualquer entusiasmo precoce: não é a qualquer momento que se diz algo a alguém.

Epílogo: Atravessar a Loucura, Abandonar a Dor, Reencontrar o Outro

Muitas vezes se criticou a brevidade do epílogo de *Crime e Castigo*. Ora, sobre trabalhos forçados, Dostoiévski já escrevera o livro *Recordações da Casa dos Mortos*.

Dostoiévski tinha 28 anos quando foi preso às quatro horas de certa madrugada de abril pela polícia do czar. Por ter lido duas vezes em voz alta uma carta aberta dirigida a Gógol, depois de sua adesão à autocracia czarista, carta escrita por um intelectual russo influente, a justiça o condenará "à degradação, ao confisco de todos os bens e à pena capital". Cabe esclarecer que essa condenação à morte refere-se a uma carta lida a um grupo restrito de jovens intelectuais progressistas, que se reunia regularmente para discutir livros proibidos pela censura, grupo que um delator apresentará como reunião de perigosos conspiradores de um complô inexistente[168].

---

168 Joseph Frank, em sua monumental biografia de Dostoiévski, contesta essa versão "inocente" dos fatos: "Se procurarmos algum parentesco entre Stavróguin, de *Os Demônios*, e um personagem real, o candidato mais provável poderia ser Nicolai Spechnev, que Dostoiévski chamava de seu Mefistófeles na época em que fazia parte do grupo de Petrachévski. Spechnev, de fato, encarna uma figura *byroniana* extremamente próxima da de Stavróguin: aristocrata rico e culto, que exercia atração irresistível sobre as mulheres, era também um radical convicto, comunista engajado e dirigente *de um grupo revolucionário secreto que compreendia sete membros, entre os quais Dostoiévski. [O escritor omitirá até o fim da vida esse engajamento comprometedor]*". Op. cit., p. 626-627. Grifo nosso.

CRIME E CASTIGO

Durante a fase de instrução, Dostoiévski reconhecerá os fatos e se declarará inocente: dirá que a carta de Belínski é um monumento literário, que literatura implica liberdade de imprensa, e que ao prelo que ele comprara com outros *não teria outro objetivo a não ser possibilitar-nos imprimir nossas obras literárias, mesmo em pequeno número de exemplares*[169].

Três dias após o veredicto, o tribunal militar que proferiu o julgamento comutou a pena para oito anos de trabalhos forçados. Dois dias depois foi o próprio czar que transformou essa sentença em quatro anos e decidiu uma encenação macabra: os condenados, todos os acusados foram presos, deveriam acreditar até o último minuto que seriam fuzilados. Foi o que se fez: levados para frente do pelotão de fuzilamento, de olhos vendados ouviram a ordem de "apontar..." e foi só então que lhes comunicaram o perdão do czar e que as sentenças foram lidas. – Um dos presos ficou louco.

Sobre essa experiência, Dostoiévski escreverá em *O Idiota* dez anos depois:

> É a tortura mais atroz; não há nada mais cruel no mundo; talvez haja no mundo algum homem a quem tenham lido sua condenação à morte, que ficou sofrendo essa tortura e a quem depois foi dito: 'Vai, foste agraciado'. Esse homem poderia dizer o que sentiu. É dessa dor e desse horror que Cristo falou. Não, ninguém tem o direito de agir assim com um ser humano.[170]

Recordações da Casa dos Mortos, cuja tradução literal seria *Recordação da Casa Morta*, conta os quatro anos vividos nos trabalhos forçados. O livro quer transmitir, fundamentalmente, dois ensinamentos: que o homem é um animal resistente que se habitua a tudo, que é dificílimo conhecer um homem, mesmo depois de longos anos de vida em comum[171]. Esse segundo ensinamento implica um terceiro: é preciso certa dose de amoralismo a quem queira realmente aprender o que um homem

---

169 F. Dostoiévski apud Claude Roy, Préface, *Souvenirs de la maison des morts*, Henri Mongault (trad. et notes), Louise Desormonts (trad. et notes), Paris: Folio, 1977.

170 *L'Idiot*, Albert Mousset (trad. e notes), Paris: Folio, 1953, p. 95.

171 *Souvenirs de la maison des morts*, p. 145.

128   OS ENSINAMENTOS DA LOUCURA

é capaz de sentir, fantasiar e fazer, a quem queira realmente aprender até onde o *inumano* faz parte do humano.

Os trabalhos forçados eram na Sibéria. Lá eram recebidos criminosos civis e militares. Havia 250 presos.

"Metade deles pelo menos sabia ler e escrever. [...] As seções eram reconhecidas pelos uniformes. Numa, a metade do paletó era marrom-escuro e na outra, cinzenta, ao passo que as calças tinham uma perna cinzenta e a outra marrom-escura [...] As cabeças também eram raspadas de modo diferente: em uns, a metade do crânio era tosado de cima para baixo; em outros, de atravessado [...] A maioria era espantosamente pervertida [...] O terror das cidades e aldeias inteiras [...], olhando em torno de si, notava logo que ele não tinha caído no lugar certo para provocar surpresa, e não demorava a assumir o tom comum. Esse tom se manifestava por uma dignidade estranha e especial que nenhum dos habitantes das galés devia abandonar. Parecia até que o estado de forçado constituía um título, e mesmo um título honroso! Não havia o mínimo vestígio de arrependimento [...] Calúnia, intriga, maledicência, ciúme, ódio ocupavam o primeiro plano daquela vida danada [...] [Jamais] um indício qualquer de sofrimento, de desespero [...] Os trabalhos forçados não reerguem o criminoso; punem, pura e simplesmente [...] [O sistema penitenciário] suga a seiva vital do indivíduo, desnerva-lhe a alma, enfraquece-o, apavora-o, depois ele é apresentado como um modelo de reabilitação, arrependimento, uma múmia moralmente ressequida e meio louca [...] Foi só nos trabalhos forçados que ouvi contar com uma risada infantil, irresistivelmente alegre, as ações mais assustadoras, desnaturadas, os delitos mais monstruosos e infames. Certo *parricida*, em especial, nunca me sairá da memória [...] De vez em quando, por falta do que fazer, um prisioneiro contava algum segredo a um vizinho, que o ouvia com frieza, fisionomia fechada [...] Certo dia um bandido meio bêbado começou a contar como havia *assassinado um menino de cinco anos*; atraíra-o com um brinquedo, depois o levara para um barracão e o degolara [...] Embora o trabalho pessoal não fosse proibido, as ferramentas eram [...] Então, trabalhava-se escondido [...] Muitos presos chegavam às galés sem saberem fazer nada, mas aprendiam com os outros, e quando eram liberados, iam embora com um bom ofício. Havia quem soubesse fazer botas e sapatos, alfaiates, marceneiros, carpinteiros, gravadores, douradores [...] Da cidade chegavam ordens [...] Eu nunca poderia ter imaginado o tormento medonho de não poder ficar sozinho, nem por um minuto, ao longo dos anos que durou minha detenção."[172]

172 Ibidem, I, cap. I.

CRIME E CASTIGO

Nos trabalhos forçados, Raskólnikov estava envergonhado.

Mas sua vergonha não era causada pela cabeça raspada nem pelos ferros. *Seu orgulho fora cruelmente ferido, e ele estava doente desse ferimento.* [...] Sua consciência endurecida *não encontrava nenhuma falta especialmente grave em seu passado. Ele só se censurava por ter fracassado, coisa que podia acontecer a todos. O que o humilhava era* [...] *resignar-se ao "absurdo" daquele julgamento sem recurso, se quisesse encontrar uma aparência de calma.* [...] *"Em que" – pensava ele –, "em que minha ideia era mais estúpida que as ideias e as teorias que vagam e guerreiam no mundo desde que o mundo existe? Basta encarar a coisa de maneira ampla, independente, desprender-se dos preconceitos, e então meu plano não parecerá assim tão... bizarro.* [...] *Sim, por que meu ato lhes pareceu monstruoso? Porque é um crime? O que quer dizer a palavra 'crime'? Minha consciência está tranquila. Decerto cometi um ato ilícito; violei a lei e derramei sangue.* [...] *Nesse caso, numerosos benfeitores da humanidade, que tomaram o poder em vez de herdá-lo já no início da carreira, poderiam ter sido executados, mas esses homens realizaram seus projetos; chegaram até o fim de seu caminho, e o sucesso justifica seus atos, ao passo que eu, eu não soube prosseguir no meu, o que prova que eu não tinha o direito de enveredar por ele."*[173]

Verifica-se que, para Raskólnikov, no início da pena, continua inalterada a ideia de que seu crime não é crime e de que ele tinha direito de levar a cabo o seu projeto. Mas, agora, suas convicções já não têm o mesmo estatuto que tinham antes de ele aceitar entregar-se por amor a Sônia, amor ao qual ele ainda resiste. Antes de se tornar prisioneiro, essas convicções faziam dele o fundador de um novo conjunto simbólico, fundador de uma nova ordem e crítico acerbo da antiga. Depois de dar o passo de aceitar ser julgado, ele pode desprezar sem reservas os magistrados, mas continua na impossibilidade de negar a existência do mundo que qualifica seu ato.

Nessa nova constelação, suas antigas convicções tornam-se racionalizações delirantes. E Raskólnikov ficará doente, terrivelmente doente:

fugia de todos, os companheiros de trabalhos forçados não gostavam dele, em suma, ele passava dias inteiros sem dizer uma palavra e estava ficando muito pálido[174].

---

173 *Crime et châtiment*, v. 2, p. 379, 380, 381. Grifos nossos.
174 Ibidem, v. 2, p. 378. Grifo nosso.

130 OS ENSINAMENTOS DA LOUCURA

Tal como o *homem do subsolo*, ele não se arrepende de nada. A insensibilidade que ele tanto desejava está instalada, como no *homem do subsolo*. Ele constata a ausência de qualquer sentimento:

> Se pelo menos o destino lhe tivesse enviado o arrependimento, o arrependimento pungente que parte o coração, que expulsa o sono, *um arrependimento cujos tormentos o levassem a sonhar com uma forca, com águas profundas...* Ele o teria acolhido com felicidade. Sofrer e chorar é ainda viver. Mas ele não sentia nenhum arrependimento pelo seu crime.[175]

Os outros presos não gostavam dele, todos o evitavam:

> Acabaram até por odiá-lo. [...] Um dia, sem que ele soubesse por qual motivo, surgiu uma briga entre ele e os outros condenados. Todos avançaram sobre ele com raiva.
> "És um ateu. Não acreditas em Deus" – gritavam eles. "É preciso matá-lo."
> Ele nunca tinha falado com eles a respeito de Deus ou de religião, no entanto, queriam matá-lo como descrente. Ele nada respondeu.[176]

Ele era um espectro. Dostoiévski, nos rascunhos de *Crime e Castigo* anotou o que porá na boca de sua personagem no segundo encontro com Sônia:

> "Matei a velha? Eu me matei a mim mesmo, a mim e não à velha. Aí, de um só golpe eu me feri, para sempre..."[177]

Como todo espectro, morto-vivo, zumbi, ele é indiferente não só à vida, como também à morte:

> Um prisioneiro, no auge da exasperação, já se lançava sobre ele. Raskólnikov, calmo e silencioso, esperou-o sem piscar, sem que um só músculo de seu rosto tremesse. Um guarda se interpôs a tempo: um minuto a mais, e o sangue correria.[178]

Raskólnikov cai fisicamente doente e é transportado para o hospital dos galés. Poderá, finalmente, mergulhar nos

---

175 Ibidem, v. 2, p. 380. Grifo nosso.
176 Ibidem, v. 2, p. 383.
177 Ibidem, v. 2, p. 405.
178 Ibidem.

CRIME E CASTIGO

131

tormentos [que] o fazem sonhar com uma forca, com águas profundas[179.]

Seu amor por Sônia – ele amou Sônia antes que ela o amasse – tinha um preço: ele devia aceitar considerar que seu ato fora um assassinato, reconhecer que, ao matar a usurária e Lizaveta, carregava em si duas mortes, o que fazia dele um cadáver psíquico. (Lembrete: *"Matei a velha? Eu me matei a mim mesmo, a mim e não à velha!"*). Mas tal aceitação implicava *necessariamente* uma mudança *de quadro de pensamento.* Ora, seu *ato*, todos se lembram, fazia parte de um movimento que devia instituir um conjunto de novas premissas para uma nova apreensão do mundo. Reconhecer o fracasso era doloroso. Mas admitir a possibilidade de uma vida depois desse fracasso era, ao mesmo tempo, desqualificar seu ato e postular (outra vez!) a criação de um novo quadro de pensamento. Trabalho psíquico hercúleo, que é de se desfazer de toda convicção, aceitar a perda de toda e qualquer referência, de todo e qualquer apoio. Trabalho psíquico gigantesco acompanhado pela ferida de considerar que essas convicções antigas tinham se transformado em certezas delirantes.

É o poder do amor de Sônia, Sônia, a poeira, Sônia, puro sujeito, puro lugar de acolhida ao outro, que possibilita a Raskólnikov mergulhar nessa "doença" que é a regressão psicótica. "Doença" aqui entendida como abandono de todo ideal, de toda emblemática egoica. Durante sua "doença" os pesadelos são as ferramentas terapêuticas da travessia da psicose. Eles figuram a fragmentação do ego, o assassinato, as pulsões canibais.

Aí se confirma a tese de D.W. Winnicott, psicanalista inglês e notável clínico, que compreendera que a psicose está mais próxima da saúde psíquica do que os ideais de normalidade. Observo de passagem que a concepção dostoievskiana de loucura é a mesma da de Freud e de Winnicott. Dostoiévski já compreendera a indistinção entre normal e patológico. Ele enuncia isso por intermédio do jovem médico que cuida de Raskólnikov, o doutor Zóssimov, que dirá, ao comentar uma observação de Dúnia:

"A observação é bastante correta. *Todos nós, nesse aspecto, somos com muita frequência semelhantes a alienados, com a diferença de que*

179 Ibidem, v. 2, p. 380. Grifos nossos.

132 OS ENSINAMENTOS DA LOUCURA

os verdadeiros doentes são um pouco mais doentes que nós. [...] Quanto a homens perfeitamente sãos, harmoniosos, digamos, é verdade que esses quase não existem e que não é possível encontrar mais do que um em meio a centenas de milhares de indivíduos, e mesmo esse será um modelo bastante imperfeito."[180]

Mas voltemos à "doença" de Raskólnikov. Nesse contexto, os pesadelos fazem parte do processo de admissão de um novo *quadro de pensamento*. No entanto, para isso, eles devem primeiramente figurar a fragmentação do Eu e elaborar uma crítica das antigas convicções referentes ao assassinato da velha. Devem também ocupar-se dos dois cadáveres que Raskólnikov carrega em si.

Retomemos o texto do pesadelo. No que se refere à crítica da teoria dos homens extraordinários:

No entanto, coisa estranha, nunca os homens tinham se acreditado tão sábios, tão seguros de possuir a verdade. Jamais tinham tido semelhante confiança na infalibilidade de seus juízos, de suas teorias científicas, de seus princípios morais.

Sobre a fragmentação do Eu:

Todos estavam tomados de angústia e sem condições de compreender-se mutuamente. No entanto, cada um acreditava ser o único que possuía a verdade e se desconsolava ao considerar seus semelhantes.[181]

O trabalho psíquico engendrado pelos pesadelos terá como resultado a cessação da erotização do pensamento. (Por erotização do pensamento deve-se compreender a imensa tensão que acompanha toda trama imaginária, tensão que provoca uma descarga motriz: a erotização faz com que entre o pensamento e a ação o circuito seja curto, curtíssimo.) O fim da erotização do pensamento dá acesso ao pensamento; Raskólnikov sonha com Sônia, devaneia com Sônia, pensa em Sônia[182]. *Amar é pensar*, diz Fernando Pessoa. No fim de sua "doença", o psiquismo aloja-se no soma; ele já não é um espectro:

180 Ibidem, v. 2, p. 404-405. Grifo nosso.
181 Ibidem, v. 2, p. 385. Grifo nosso.
182 Ibidem, v. 2, p. 389.

CRIME E CASTIGO

parecera-lhe até que todos os presos, e seus antigos inimigos, *o olha-vam com outros olhos. Ele lhes dirigira a palavra e todos lhe haviam respondido amistosamente.* [...] De resto, naquela noite ele era incapaz de refletir por muito tempo, de concentrar o pensamento. *Só conseguia sentir. A vida substituíra o raciocínio; seu espírito deveria estar regenerado também*[183]

Dostoiévski considera uma ressurreição o fato de Raskólnikov sair da psicose. Esse é também o ponto de vista de Sônia. Raskólnikov escapa do mundo dos mortos e de sua adesividade aos cadáveres da velha e de Lizaveta, e esse é, de fato, um aspecto fundamental. No entanto, acredito que o mais importante para se ressaltar é que, *pela primeira vez na vida*, Raskólnikov deseja o desejo do outro. E é por isso que ele pensa o tempo todo em sua amada, que ele sonha com ela o tempo todo. Em suma, Sônia ganhou a partida.

O conjunto que em Raskólnikov constitui as mudanças de humor, os movimentos afetivos, a pluralidade de posições subjetivas; as resistências a ouvir o outro, a depender do outro; depois, o reconhecimento do elo e suas consequências: regressão e nova organização do desejo –, esse conjunto se chama a catástrofe do amor. Quando isso ocorre em um tratamento analítico chama-se trabalho de transferência.

Deixemos que Dostoiévski conclua:

Mas aqui começa outra história, a história da lenta renovação de um homem, de sua regeneração progressiva, de sua passagem gradual *de um mundo a outro, de seu conhecimento progressivo de uma realidade ignorada até então.*[184]

Eu dizia mais acima que o duplo é um elemento fundamental na narração dostoievskiana. Ele estrutura de maneira forte as relações entre as personagens. A tal ponto que pode ser proposto como uma espécie de chave de leitura de um romance, chave limitada, porém esclarecedora, a partir da pergunta: quem é o duplo de quem?

Visitaremos agora o texto de referência desse elemento narrativo na obra do escritor.

183 Ibidem. Grifo nosso.
184 Ibidem, v. 2, p. 390. Grifo nosso.

O Duplo

O Duplo é o segundo texto publicado por Dostoiévski. Logo, é anterior a *Memórias do Subsolo* e a *Crime e Castigo*. É também anterior à deportação para a Sibéria, que foi uma experiência de catástrofe e humanidade, fundamental para a sequência de sua obra.

Essa novela lança as bases daquilo que será um elemento essencial na subjetividade das importantes personagens futuras e na certa organização da narrativa romanesca.

1. A ECONOMIA DA ANGÚSTIA E A VERGONHA

O livro foi muito mal recebido pela crítica. O próprio Dostoiévski ficou insatisfeito com o resultado, mas nunca duvidou de sua importância e daquilo que ele inaugurava. Uma carta enviada ao irmão em 1859 é prova disso: "Por que deixar passar uma ideia magnífica, um tipo grandioso por sua importância social, que descobri primeiro e da qual, portanto, fui o prenunciador?"[1] Também o que ele escrevia no *Diário de um*

---

1 Apud Gustave Aucouturier em notas de sua tradução da obra *Le Double*, Paris: Folio, 2008.

136 OS ENSINAMENTOS DA LOUCURA

Escritor, em 1877, quatro anos antes de morrer: "Positivamente, malograei nessa novela, mas a ideia era luminosa, e *nunca lancei em literatura nada mais sério que essa ideia*"[2]. De que ideia se trata? A de que um sujeito humano não se reduz à consciência.

O *homem do subsolo* é ignóbil, assassino. Sabe disso e o proclama. Convoca o outro para lhe dizer de sua ignomínia e afirmar que não precisa de ninguém, que o outro é inútil, sem interesse. Está sozinho diante do mundo. Sozinho e angustiado. Contudo, sua angústia não é rejeitada por ele como um corpo estranho; ao contrário, ele a acarinha, até exibe. Exibe como uma tara, como uma obscenidade. Mas, atenção: afirma e demonstra que essa tara é o próprio tecido de nossa humanidade – e esse é o motivo pelo qual a narrativa de Dostoiévski funda a modernidade em literatura: porque, nela, a angústia já não é uma *resposta* entre outras às exigências do mundo; a angústia é, antes de tudo, *a pergunta* com a qual o sujeito encontra o mundo.

O *homem do subsolo* não é constrangido por seus sentimentos, não camufla seus atos. O que ele ressalta é a dificuldade de lidar com seu desejo. Ele não se sente culpado pela maneira (perversa) como soluciona seu conflito (mas poderia se sentir) e considera isso como *uma* economia da angústia (no que tem absolutamente razão). Ele não diz que não existem outras economias – cada um tem a sua –, quando a angústia é reconhecida.

A questão da economia da angústia é central no senhor Goliádkin, protagonista de *O Duplo*. Mas é central de uma maneira muito especial; de fato, o *senhor Goliádkin* tem horror à angústia, não quer nem ouvir falar dela, muito menos senti-la. De certo modo, o senhor Goliádkin é como aqueles outros aos quais o *homem do subsolo* se dirigirá; aqueles outros para quem dois e dois são quatro e… pronto. Na verdade, nem tanto: o senhor Goliádkin gostaria de poder dizer que dois e dois são quatro e pronto; entretanto, a dimensão da angústia nele é tão monumental – pois ele não quer reconhecê-la –, que tudo se torna impossível para ele. Tudo: qualquer sentimento, qualquer pensamento. Para resumir: o senhor Goliádkin tem *vergonha* de tudo o que lhe seria pessoal. Nunca se saberá por

2   Ibidem. Grifo nosso.

O DUPLO

que o senhor Goliádkin se proíbe qualquer intimidade, por que qualquer sentimento o aterroriza – isso constatamos, e ponto final. Como ele se nega a ter uma intimidade e a angústia que vem junto, as duas lhe chegam de fora na forma de um Duplo.

O senhor Goliádkin nos ensina que a vergonha é um *mecanismo* completo, mecanismo enraizado na *sensação* do desagradável, primeiro expediente utilizado pelo psiquismo embrionário para se distinguir do mundo: rechaçar para o exterior tudo o que me incomoda possibilita uma distinção primária entre o que "é" eu e o que "não é" eu.

De fato – e o senhor Goliádkin nos ensina isso também –, o mecanismo da vergonha não exige nenhuma representação para funcionar. A fim de expulsar para o exterior tudo o que é estranho, não se tem necessidade de dar nome àquilo que se rechaça, basta sentir-se sobrecarregado. Esse *mecanismo esvaziador*, de despejo, é, evidentemente, muito perigoso: ao rechaçar para o exterior toda sensação perturbadora, o psiquismo pode acabar expulsando para fora de si toda a sensorialidade – e o corpo que a acompanha. Nos primeiros momentos da vida, é a mãe que ajuda o esboço de psiquismo no *infans* a tolerar o desagradável; ela atenua as intensidades de suas sensações corporais de tal maneira que estas possam ser consideradas familiares e não perigosas. Essa atenuação das intensidades possibilita que o psiquismo integre esse conjunto de experiências e, ao fazê-lo, fortaleça, consolide seu sentimento de existência.

O que torna absolutamente sufocante e insuportável a nossa convivência com o senhor Goliádkin é seu trabalho febril e permanente de despejo. Essa atividade incessante de rejeição a qualquer evento psíquico (sensação ou índice de pensamento) e a vergonha diante de qualquer possibilidade de *inscrição* estão – ambas – tão distantes de nosso funcionamento habitual que nos cansamos e acabamos por adotar o pavor que o assombra, que ele rechaça e nos impinge. Índices de pensamentos: no senhor Goliádkin não há propriamente pensamentos, temos mais pictogramas de um pensamento – que, aliás, são tratados como percepções situadas no exterior do mundo psíquico[3].

---

3   O leitor interessado poderá consultar, a propósito do pictograma, a teoria de Piera Aulagnier em *De la violence de l'interprétation*, Paris: PUF, 1975, col. Le Fil Rouge. (Ed. bras.: *A Violência da Interpretação*, Rio de Janeiro: Imago, 1979.)

138 OS ENSINAMENTOS DA LOUCURA

2. O HORROR, O AMOR E O VAZIO

Quando encontramos com o senhor Goliádkin, ou seja, no início da narrativa, esse funcionamento já está em pleno vapor. Não sabemos o porquê de tal catástrofe, isso será adivinhado depois, mas já se constata a extensão de seus efeitos assustadores. Ele acaba de acordar, e somos imediatamente mergulhados no horror que o cerca.

As paredes verdes e sujas de seu quartinho *olham* para ele, depois o dia cinzento de outono *lhe lança através da vidraça embaçada um olhar tão malsão e lhe dá um sorriso tão ácido...*[4]

Em suma, o mundo real olha para ele, espicaça-o, persegue-o. Evidentemente, não há outro possível; na verdade, já não há ou quase não há senhor Goliádkin; há apenas um turbilhão, e a vontade de pôr para fora esse turbilhão vergonhoso com tudo o que há dentro dele: afetos, índices de pensamento ou de existência e o pouco que resta ainda de um homem outrora chamado senhor Goliádkin.

Mas por que nos assusta e submerge desse modo aquilo que o senhor Goliádkin vive? Certamente porque sua travessia desperta em nós os afetos de experiências que *devem* ficar enterrados e que dizem respeito ao terror. Terror que acompanha momentos de aniquilamento, como o de uma criança maltratada por um dos pais ou de um sujeito submetido ao terrorismo de Estado – situações nas quais o real, todo o real, torna-se medonhamente ameaçador e persecutório, pois já não há garantia do sentido da vida nem garantia alguma, ninguém capaz de confirmar sequer a continuidade da existência. Se o referente se torna assassino, qualquer um encarna uma ameaça potencial de destruição.

Os períodos da pré-puberdade e da adolescência podem apresentar essas experiências de aniquilamento, sobretudo quando a mãe não tiver desempenhado seu papel de regulador das intensidades durante o tempo necessário na primeira infância. Ao inventário obrigatório de toda a história afetiva percorrida até então, que implica o abandono provisório de todos os modelos identificatórios, soma-se, para o jovem, o

---

4 *Le Double*, p. 27.

trabalho gigantesco de denominação e integração das emoções sensoriais, sensuais e eróticas que emergem poderosamente nessa época. Esse acúmulo extenuante de comoções, vividas frequentemente sob o domínio da vergonha – vergonha de si e vergonha do próprio corpo –, às vezes leva à tentativa desesperada de se expulsar de si, com consequências inteiramente idênticas às vivenciadas pelo senhor Goliádkin.

Voltemos a *ele*. O que o precipitou em tal estado? Seu encontro com o médico nos dá algumas indicações. Em primeiro lugar, em consulta anterior ele já ia muito mal e preocupara imensamente o profissional – que, aliás, provavelmente por causa disso, não tem nenhum prazer em recebê-lo. Em segundo lugar, durante a consulta, e apesar da incoerência de suas frases, adivinha-se a causa de todos esses problemas: o senhor Goliádkin está secretamente apaixonado. De maneira muito sucinta, seria possível dizer que, por não suportar estar apaixonado, o senhor Goliádkin ficou louco.

O *homem do subsolo*, como todos se lembram, optou por destruir Liza porque não suportava *a vida viva* que ela representava. O senhor Goliádkin não pode fazer opção nenhuma. A irrupção do desejo amoroso por uma mulher convulsionou imediatamente um espaço psíquico muito estreito, no qual irromperam simultaneamente a exaltação e a vergonha, que serão levadas ao paroxismo pelo ciúme de saber que a amada está prometida a outro. A exaltação engendrará um conjunto de imagens de um homem mundano, valoroso e intrépido, destemido e irrepreensível, que diz a todos, salvo a si mesmo, as verdades que ninguém quer ouvir. Grudar-se a essas imagens exaltadas torna-se uma necessidade, e essa necessidade aumenta o excesso de vergonha a um ponto insuportável.

A necessidade de adotar tais imagens, tais clichês, é uma injunção proveniente de um perseguidor interno surgido das profundezas de seu inferno. Perseguidor arcaico e feroz que aumenta a vergonha à medida que ele a ataca. Não há espaço entre esses clichês e a sensibilidade; em outras palavras: não há nenhuma retomada dessas imagens-clichês pela imaginação, muito menos pelo devaneio. Dostoiévski, inclusive, faz uma descrição precisa disso na cena em que o doméstico do senhor Goliádkin serve de manequim ao patrão (cabe lembrar que essa

140 OS ENSINAMENTOS DA LOUCURA

cena precede de alguns instantes o início do périplo final da epopeia que conduzirá nosso herói ao manicômio):

"Trouxeram sua libré, senhor."
"Veste e vem aqui."
Vestido de libré, Petrúschka, com um sorriso tolo, volta para o quarto do patrão. Aquele *traje era estranho* ao extremo. Era uma libré de alta criadagem, verde, bem desgastada, com galões dourados bem escamados e visivelmente feita para um homem que tivesse um bom meio metro a mais que Petrúschka. Numa das mãos ele trazia um chapéu também com galões e ornado de plumas verdes, e no flanco trazia uma espada numa bainha de couro. Além disso, para completar o quadro, Petrúschka, segundo seu costume de estar sempre de roupa de casa, continuava descalço. *O senhor Goliádkin examinou Petrúschka de todos os ângulos e ficou manifestamente radiante.*[5]

O vazio que enche o espaço entre imagens-clichês e aquilo que resta ainda de pessoal no senhor Goliádkin o obriga sempre a mergulhar nele como em um precipício. Essas imagens são grandiosas demais para sua pessoa, tal como a libré usada por seu criado, e o resultado é um comportamento ridículo, ridículo que amplifica a extensão do desastre em cujo centro ele se encontra.

Mas a vergonha tem como causa um motivo ainda mais poderoso que o ridículo: a sexualidade. O senhor Goliádkin está envergonhado de todas as emoções sexuais que sente pela amada. (Eu já ressaltei a dificuldade que as personagens dostoievskianas têm com o desejo sexual). Para o senhor Goliádkin, isso se tornará manifesto em seu tormento durante a espera do encontro que ele alucina; para livrar-se de sua excitação sexual, ele passará um sermão em sua Dulcineia:

"[A senhorita] merece umas chicotadas bem dadas, e também seus pais merecem, por lhe terem dado todos esses livrinhos franceses para ler; pois esses livrinhos franceses não ensinam o bem. É o inferno… o inferno mefítico, senhorita! Ou então, imagine, permita-me perguntar, ou então imagine que… a senhorita diz assim, isto e aquilo… nós vamos nos enfiar impunemente, e depois… como diria… a senhorita diz assim, uma choupana lá longe à beira-mar, e depois a gente vai começar a arrulhar, e bancar o sentimental, e depois assim a gente vai passar a vida inteira […] e depois virá um pintinho […] E depois, enfim, o que é que

5 Ibidem, p. 30. Grifo nosso.

O DUPLO

eu faço nisso tudo? Senhorita, por que me envolveu nos seus caprichos? [...] e quanto ao físico, confesso, não é meu forte."[6]

3. SAIR DO TEMPO, SAIR DO CORPO

O tema do Pai, central em Dostoiévski, também está presente no senhor Goliádkin. Os resquícios que nele se encontram levam a acreditar que, antes de seu desmoronamento, a questão do pai era um desejo, uma expectativa, uma demanda:

"considero a autoridade superior benevolente como um pai, e confio-lhe cegamente o meu destino."[7]

E adiante:

"Eu o considero como meu pai, não me abandone... salve minha ambição, minha honra, meu nome e minha reputação"[8]

No *homem do subsolo*, escrito alguns anos depois, o recurso ao pai ou a uma Lei humanizante tornaram-se impossíveis:

Já faz tempo que não nascemos de pais vivos, e isto nos agrada cada vez mais. Em breve vamos querer nascer de uma ideia.[9]

Depois da consulta ao médico, o senhor Goliádkin assume o papel de milionário, depois ele será impedido de entrar na casa dos pais da eleita de seu coração, onde, dias antes, ele insultara publicamente o noivo – certamente, segundo ele, uma maneira elegante de declarar publicamente seu amor. Escândalo.

No fim de todas essas emoções,

com a cabeça em plena efervescência e em pleno caos... finalmente ele pegou uma cadeira, sentou-se com a testa nas mãos e tentou reunir todas as suas faculdades para refletir e solucionar certo número de problemas relativos à sua situação presente.[10]

6   Ibidem, p. 242, 243 e 244.
7   *Le Double*, p. 194
8   Ibidem, p. 227.
9   *Notes du sous-sol*, J.W. Bienstock (trad.), Paris: POL, 1993.
10   *Le Double*, p. 62.

142 OS ENSINAMENTOS DA LOUCURA

Aqui Dostoiévski produz uma torção no texto. Notável torção. A frase que acabo de citar fecha o capítulo III. O capítulo IV começa assim:

Naquele dia [...] data marcada para um brilhante e lauto jantar, como nunca se via fazia muito tempo.[11]

O leitor é levado a pensar que o senhor Goliádkin está rememorando um acontecimento que ocorreu em um passado recente. Ora, nada disso; o jantar em questão desenrola-se em um tempo futuro em relação ao tempo no qual tínhamos deixado nosso herói com a testa nas mãos. Aliás, trata-se da recepção durante a qual o senhor Goliádkin, mergulhado não se sabe em que imagem-clichê heroica, se encontrará no meio dos convivas, diante de sua amada e de seus superiores hierárquicos *paralisado de terror... (Tudo estava imóvel, tudo estava na expectativa.)*[12] Torna-se claro, depois da leitura desses incidentes grotescos e penosos, que pela torção do texto Dostoiévski indica que sua personagem *já não está no tempo*, que presente, passado e futuro estão engolidos em uma mesma dimensão. O senhor Goliádkin mencionará isso uma vez, muito mais adiante na narrativa, exatamente ao procurar determinar quando sua amada lhe teria escrito a carta que ele alucinara, pouco antes do colapso final:

Pode ser também que a carta tenha sido escrita ontem... *Ou então foi escrita amanhã...* Ou seja, o que é que eu estou dizendo...[13]

Detenhamo-nos na questão da alucinação. Na leitura que faço da novela *O Duplo*, proponho considerar como parte de um processo alucinatório tudo aquilo que o senhor Goliádkin pensa ou sente. Incluo nessa hipótese a carta que ele pensa ter recebido da mulher por quem está apaixonado. Ocorre que em *Recordação da Casa dos Mortos* Dostoiévski fará a descrição do delírio alucinatório de um condenado, cuja semelhança é espantosa com o do senhor Goliádkin no que se refere à amada.

No hospital das galés chegavam frequentemente prisioneiros condenados à chibata, que tentavam, por todos os

---

11   Ibidem.
12   Ibidem, p. 72. Grifo nosso.
13   Ibidem, p. 238. Grifo nosso.

O DUPLO

estratagemas possíveis, adiar o momento da punição. Os médicos eram muito compreensivos, acomodatícios e respeitosos com aqueles simuladores. Mas às vezes, diante da perspectiva do castigo físico, o prisioneiro ficava louco. Citando:

Guardei na lembrança outro alienado. Certo dia de verão, nos trouxeram um condenado de 45 anos, robusto, com o rosto marcado de varíola, olhinhos vermelhos bem inchados e uma expressão extremamente sombria. Foi posto ao meu lado. Mostrou-se muito tranquilo, não procurou puxar conversa e me pareceu meditar. Quando a noite caía, ele se dirigiu bruscamente a mim. De modo direto, sem preâmbulo, mas como se fosse me revelar um importante segredo, contou-me que logo deveria receber mil varadas, mas que a execução não ocorreria porque a filha do capitão G. cuidava dele. Eu o olhava com preocupação e respondi que, na minha opinião, a filha de um capitão não tinha poder nenhum em caso semelhante. Ainda não desconfiava da verdade, pois ele fora hospitalizado como simples doente. [Como se verá adiante, a verdade em questão não diz respeito ao número de varadas ou chibatadas, que era uma punição costumeira.] Perguntei-lhe do que ele sofria, ele me respondeu que não sabia, que tinha saúde perfeita, e que a filha do capitão o adorava. Que quinze dias antes, quando passava diante do corpo de guarda no momento em que ele olhava pela janelinha gradeada, ela se apaixonara por ele. Que a partir de então, com diferentes pretextos, ela voltara três vezes ao corpo de guarda: na primeira, acompanhava o pai e ia ver o irmão, então oficial da guarda na caserna; da segunda, viera com a mãe trazer esmolas para os prisioneiros e, ao passar perto dele, cochichara que o amava e o libertaria. Nada mais curioso do que a minúcia com que ele expunha os detalhes daquela história absurda que nascera e crescera em seu cérebro desarranjado. Ele acreditava obstinadamente que seria agraciado, insistia com imperturbável segurança na paixão que aquela senhorita sentia por ele. Causava um aperto no coração ouvir aquele quadragenário aflito com um rosto tão triste, tão mortificado, forjar todas as peças daquela extravagante história de amor: ela mostrava bem o que o medo do castigo pode engendrar numa alma frágil. Talvez, de fato, ele tivesse avistado alguém de sua janelinha, e a loucura incubada nele pelo medo crescente encontrara aí uma saída, uma forma.[14]

Não podemos deixar de ficar admirados com a descrição clínica e com as hipóteses aventadas sobre a eclosão do delírio. E quem leu *O Duplo* fica perturbado com as semelhanças entre o companheiro de cativeiro de Dostoiévski e o senhor

14   Ibidem, p. 332, 333 e 334.

144 OS ENSINAMENTOS DA LOUCURA

Goliádkin. Perturbado principalmente porque o conhecimento daquele homem ocorre *vários anos depois* de escrita a novela. Voltemos, portanto, ao *Duplo*. Ao sair da festa,

> o senhor Goliádkin tinha a aparência de um homem que queria esconder-se de si mesmo, de um homem que procura fugir de si mesmo [...] Digamos mais: o senhor Goliádkin desejava não só escapar de si mesmo, como também aniquilar-se completamente, deixar de existir [...] o senhor Goliádkin atingiu tal grau de desespero, tal excesso de sofrimento, de acabrunhamento, martírio e aniquilação do pouco que lhe restava de presença de espírito.[15]

Aí ocorre a primeira alucinação do duplo e, imediatamente depois, uma segunda aparição, precedida por um canhonaço, sinal de alerta em São Petersburgo em caso de perigo de inundação, desde o acidente catastrófico de 1824[16]. De fato, os últimos diques psíquicos se rompem, e o senhor Goliádkin é expulso para a real do mundo: o senhor Goliádkin *bis* nasceu e encheu o universo – até que todo o espaço seja povoado por uma infinidade de *senhores Goliádkins*.

Ao longo de toda a novela, do início até o estilhaçamento definitivo da pessoa do senhor Goliádkin, a presença do narrador desempenha papel essencial. Sua construção denota grande sutileza: para sua narrativa, o ponto de vista é sempre o do herói e ele retoma suas palavras, expressões, cacoetes de linguagem. Já chamei a atenção para o grande respeito que Dostoiévski tinha por suas personagens; isso se confirma também aqui. Mas a indistinção de ponto de vista decorre de uma opção estética que busca um efeito preciso. Sua consequência é o fechamento da narrativa no mundo psíquico do senhor Goliádkin: o leitor fica sufocado da mesma maneira que o senhor Goliádkin sente falta de ar e só respira as suas ruminações. Outra consequência estética dessa tomada do ponto de vista da personagem é que a novela apresenta uma *duração da qual o tempo se retirou*, uma duração atulhada pelo amontoamento de vergonhas, vazios e ausências, angústias e agitações, terrores e tremores, impulsividades e impotências, simulacros de fatos e simulacros de palavras, de pudores e grotescos, indecisões e

15 Ibidem, p. 82 e 83.
16 Ibidem, p. 85.

O DUPLO

raivas, olhares arrevesados e arrependimentos, tripúdios e fadigas, calafrios e esgotamentos, exaltações e profundas tristezas, duração atulhada de destroços de sonhos e desolações[17].

A partir da aparição do duplo já não haverá diferença entre o que o senhor Goliádkin sente e a realidade, entre a realidade e seus devaneios, entre a realidade e suas fabulações, ou temores, ou medos. Tudo se torna perseguição, e o conjunto da relação com o mundo é uma alucinação: ele vive em um sonho ou em um pesadelo que considera experiência concreta[18].

4. DESTINOS DO *DUPLO*

A relação entre o senhor Goliádkin e o senhor Goliádkin *bis* será, afora a alucinação, o paradigma do perseguidor *interno* de todas as grandes personagens seguintes – o que quer dizer que o perseguidor pertence ao mundo psíquico da personagem, com quem uma outra parte dialoga. Raskólnikov dialoga frequentemente com seu perseguidor interno e nós nos demoramos em uma das conversas típicas do *homem do subsolo*:

"Não passas de um covarde!" – ressoou algo em minha cabeça –, "se tiveres coragem de rir disso agora".

"Azar! – gritei em resposta a mim mesmo. Agora tudo está perdido!"[19]

17 Não consigo entender por que em seu livro, essencial para a compreensão da estética de Dostoiévski, Mikhail Bakhtin identifica o narrador com o senhor Goliádkin *bis*. Cf. M. Bakhtin, *La Poétique de Dostoiévski*, Paris: Seuil, 1970, p. 274s.

18 O tratamento dado por Dostoiévski às alucinações do senhor Goliádkin criou dificuldades para o autor de um ensaio psicanalítico sobre *O Duplo*. Citando: "O que há de trágico no que acontece ao senhor Goliádkin é que nenhum de seus colegas, nem mesmo seu lacaio, parece espantar-se com a existência do Duplo. Sem dúvida, a eles ocorrerá que não é conveniente ser dois, mas ninguém se surpreende com a chegada do segundo Goliádkin, e sabe-se que o recém-chegado expulsará o primeiro, a ponto de o alienar da sociedade humana, fazendo que ele seja encerrado dentro dos muros do manicômio – à custa do Estado." Em outros termos, ou o autor do ensaio considera o senhor Goliádkin *bis* como uma pessoa que realmente existe, ou então todas as outras personagens alucinam em conjunto com o herói. O mesmo autor, na esteira de M. Bakhtin citado acima em nota, identificará três vozes na narrativa: a do protagonista, a do Duplo e a do narrador, nas quais ele identificará o Eu, o Supereu e o Isso da teoria freudiana. É interessante notar aí como a aplicação do aparato conceitual da neurose ao trauma torna incompreensível o pensamento. Cf. André Green, Préface, *Le Double*, p. 10, 13.

19 *Notes du sous-sol*.

Nos primeiros momentos depois do horror do encontro, o senhor Goliádkin tem uma alucinação na qual ele leva o senhor Goliádkin *bis* para casa. A primeira noite que passam juntos é cheia de efusões sentimentais:

> O senhor Goliádkin *bis* faz um poema para o senhor Goliádkin que, com lágrimas nos olhos, dizia a seu companheiro, "tu e eu... viveremos um com o outro como o peixe e a água."[20]

Cena sinistra de uma serenata sem melodia, em que uma boca contorcida pela dor canta sem música a geometria amorfa das sombras. O senhor Goliádkin, *um* e *bis*, mais a realidade, aglutinam-se suspensos na gigantesca teta do nada.

Essa pantomima macabra, em que o Duplo, em vez de ser a figura da desintegração da pessoa, figura da morte, é considerado fator de integração, terá destino fundamental na obra. Ela se transformará em uma série de duplas de personagens, ao mesmo tempo *opostas e complementares*, que estruturarão a narrativa. Nessas duplas, uma personagem é a recalcada da outra e confronta esta com a verdade que ela tenta esconder de si mesmo: Raskólnikov, o recalcado de Porfiri; Svidrigáilov, o recalcado de Raskólnikov (em *Crime e Castigo*), Rogójin, o recalcado de Míschkin (em *O Idiota*); Smérdiákov, o recalque de Ivan (em *Irmãos Karamázov*) etc.

O senhor Goliádkin *bis*, evidentemente, não é o recalcado do senhor Goliádkin. Aliás, como representar seja lá o que for quando a realidade já não existe? O senhor Goliádkin *bis*, depois do curto idílio mencionado, torna-se o perseguidor interno posto para fora, perseguidor alucinado, feroz, sádico e desdenhoso, que acabará por explodir em pequeníssimos fragmentos – explosão que infecta todas as partículas do ar que se respira e transforma nosso herói em uma mancha compacta de dor muda, saturada de horror.

---

20 *Le Double*, p.118 e 119.

Trabalhos Clínicos

Na Nota Introdutória[1], eu dizia que o seminário em que esta reflexão foi elaborada se dividia em duas partes: uma teórica com base no texto dostoievskiano; outra teórico-clinica. A seguir, indico os trabalhos apresentados nesse outro tempo do seminário:

– Anna Angelopoulos apresentou fragmentos de uma análise em que ela foi levada a abrir em si inéditos espaços transferenciais de acolhimento. Quando a paciente era criança, a mãe fez dela um espaço no qual queria encontrar a própria mãe, que fora incapaz de presença. Anna Angelopoulos disse que seguiu de perto uma observação clínica de Pierre Delaunay, que nota: "o aparelho psíquico da mãe é órfão de uma parte dele mesmo, a parte materna".

Annie Topalov: três exposições sobre a clínica da perversão.

– Claire Grégoire demonstrou como a transferência serviu de guia e motor para que uma menina saísse da situação de abandono e construísse para si uma "vida viva".

Claude Grosberg apresentou um comentário sobre a novela O Duplo.

---

1   Ver supra, p. XIS

148 OS ENSINAMENTOS DA LOUCURA

– Claude Guy iniciou a reflexão sobre o atendimento por duas pessoas na clínica psicanalítica privada (o psicanalista e mais outro profissional), bem como sobre a questão do uso do diagnóstico em psicanálise.

– Com a exposição de Pierre Kammerer sobre a clínica da perversão, destacou-se sobretudo o particular manejo da transferência – verdadeira lição sobre a condução do tratamento em que predominam as passagens ao ato; depois ele nos expôs Transferência e Contratransferência na Clínica de uma Menina Vítima de Incesto; além disso, um terceiro ensaio sobre a importância das intervenções interditórias do psicanalista em um tratamento no qual predominavam os sentimentos de perseguição.

– Loriane Brunessaux apresentou a clínica de uma adolescente em que predominava a posição dos pais como supereu real e destrutivo; em seguida, a terapia de um menino autista.

– Mathieu Bellahsen desenvolveu sobre as questões envolvidas na implantação da psicanálise institucional em um serviço público.

– Marie José Villain falou de seu trabalho em um centro de proteção à mãe e à criança (Centre de Protection Maternelle et Infantile) na periferia parisiense; sua clínica psicanalítica se dá na interseção de aspectos sociais, políticos e psíquicos; equilibrista no tênue fio que percorre todas essas dimensões, ela inventa, para além das situações muitas vezes catastróficas, condições de oferecer às crianças que recebe e as suas famílias os caminhos que conduzem às problemáticas inconscientes; seu trabalho e seu talento me lembram aquilo que Hélio Pellegrino pôs a serviço da Clínica Psicanalítica e Social em uma favela do Rio de Janeiro.

– Martine Cordin nos levou a uma casa de detenção onde ela trabalhou durante vários anos: como criar um enquadre de trabalho psicanalítico, apesar da imensidão de restrições de segurança impostas em um ambiente de detenção? Como garantir as exigências éticas do nosso ofício – liberdade de palavra e confidencialidade, busca dos motores fantasiosos do real do ato – a despeito das pressões administrativas para se conhecer o conteúdo das sessões, apesar das tentativas de instrumentalização judiciária da terapia por parte dos detentos? A exemplaridade

TRABALHOS CLÍNICO

da situação clínica escolhida demonstrava a importância da atividade psíquica do analista como continuidade do enquadre.

– Nicole Auffret apresentou a clínica psicanalítica em estabelecimentos de saúde quando a posição do psicanalista é reconhecida pela equipe como organizadora do tratamento da psicose.

– Marie-Agnès Roussel abordou a eclosão de uma descompensação em início de tratamento, descompensação contida durante longas semanas apenas por meio da transferência. Partindo deste exemplo clínico, ela nos propôs uma metapsicologia da psicose puerperal: o feto exerceria a função de mundo interno e sua expulsão lançaria o sujeito no vazio assustador de suas carências. Notável.

– Sarah Collin introduziu magnificamente a discussão do trabalho de Annie Topalov; propôs a noção de consolação impiedosa para explanar o tipo de paradoxo encontrado pelo psicanalista em certas constelações transferenciais.

– Yacine Amhis apresentou sua longa prática clínica com indivíduos sem domicílio fixo; ensinou a importância da consideração do espaço no estabelecimento do dispositivo terapêutico: o tato, o respeito às distâncias (inclusive físicas) que esse trabalho exige; lição emocionante do verdadeiro uso da abstinência freudiana, bem como um convite a refletir sobre o que significa o termo cura para o psicanalista. No cerne do desastre e da desolação encontrar a presença.

– Thérèse Zampaglione refletiu em detalhes a terapia psicanalítica de um psicótico em que ela recorreu à massa de modelar, cujo uso foi teorizado por Gisela Pankow. Como tínhamos acesso a boa parte da produção plástica do paciente, foi possível uma discussão extensa e apaixonante sobre esse tipo de trabalho e sobre o atendimento institucional dessas modalidades defensivas.

PSICANÁLISE E PSICOLOGIA NA PERSPECTIVA

Distúrbios Emocionais e Anti-semitismo – N. W. Ackerman e M. Jahoda (D010)
LSD – John Cashman (D023)
Psiquiatria e Antipsiquiatria – David Cooper (D076)
Manicômios, Prisões e Conventos – Erving Goffman (D091)
Psicanalisar – Serge Leclaire (D125)
Escritos – Jacques Lacan (D132)
Lacan: Operadores da Leitura – Américo Vallejo e Ligia C. Magalhães (D169)
A Criança e a Febem – Marlene Guirado (D172)
O Pensamento Psicológico – Anatol Rosenfeld (D184)
Comportamento – Donald Broadbent (E007)
A Inteligência Humana – H. J. Butcher (E010)
Estampagem e Aprendizagem Inicial – W. Sluckin (E017)
Percepção e Experiência – M. D. Vernon (E028)
A Estrutura da Teoria Psicanalítica – David Rapaport (E075)
Freud: A Trama dos Conceitos – Renato Mezan (E081)
O Livro dIsso – Georg Groddeck (E083)
Melanie Klein I – Jean-Michel Petot (E095)
Melanie Klein II – Jean-Michel Petot (E096)
O Homem e seu Isso – Georg Groddeck (E099)
Um Outro Mundo: A Infância – Marie-José Chombart de Lauwe (E105)
A Imagem Inconsciente do Corpo – Françoise Dolto (E109)
A Revolução Psicanalítica – Marthe Robert (E116)
Estudos Psicanalíticos sobre Psicossomática – Georg Groddeck (E120)
Psicanálise, Estética e Ética do Desejo – Maria Inês França (E153)
O Freudismo – Mikhail Bakhtin (E169)
Psicanálise em Nova Chave – Isaias Melsohn (E174)
Freud e Édipo – Peter L. Rudnytsky (E178)
Os Símbolos do Centro – Raïssa Cavalcanti (E251)
Violência ou Diálogo? – Sverre Varvin e Vamik D. Volkan (orgs.) (E255)
Cartas a uma Jovem Psicanalista – Heitor O'Dwyer de Macedo (E285)
A "Batedora" de Lacan – Maria Pierrakos (EL56)
Memória e Cinzas: Vozes do Silêncio – Edelyn Schweidson (PERS)
Acorde: Estratégias e Reflexões para Atualizar Habilidades de Relacionamento em Tempo de Inovações – Abel Guedes (LSC)
A Grande Mentira – José María Martínez Selva (LSC)
Os Ensinamentos da Loucura – Heitor O'Dweyer de Macedo (E326)

Este livro foi impresso na cidade de São Paulo,
nas oficinas da MarkPress Brasil, em maio de 2014,
para a Editora Perspectiva.